ANNWYL JULIA

ANNWYL JULIA

Rhodio llwybrau atgof yn Fienna

MARIAN HENRY JONES

CYMDEITHAS LYFRAU CEREDIGION GYF.

Argraffiad cyntaf: Tachwedd 1996

ISBN 0 948930 19 5

Dymuna'r cyhoeddwyr gydnabod cymorth
Adrannau Cyngor Llyfrau Cymru

Cysodwyd ac argraffwyd gan Wasg Gomer,
Llandysul SA44 4BQ

Cyhoeddwyd gan Gymdeithas Lyfrau Ceredigion Gyf., Llawr Uchaf,
Bryn Awel, Y Stryd Fawr, Aberystwyth SY23 1DR.

I goffadwriaeth y ddau John

JOHN ROBERT JONES 1911 – 1970
JOHN HENRY JONES 1909 – 1985

RHAGAIR

Prif destun y llythyrau hyn a ddanfonais i 'Julia', sef Mrs Julia Jones, gweddw J.R., yr athronydd Cymraeg enwog, yw ein hymweliad â Fienna a Budapest ym Medi 1987. Pan ddanfonais y llythyr cyntaf, a roddaf yma yn union fel y'i gyrrais ati, ni fwriadwn gychwyn cyfres ar y testun; Julia a'i chwestiynau a ysgogodd hynny. Hi hefyd a awgrymodd rywdro ei bod yn drueni na châi'r casgliad gylchrediad ehangach! Yr oeddwn innau wedi synnu at awydd gwahanol gymdeithasau, Cymraeg a Saesneg, i glywed am fy mhrofiad wrth droi yn ôl i Fienna wedi absenoldeb o hanner can mlynedd. Mor wahanol oedd hyn i'r ymateb a gefais yn y tridegau pan ymdrechais i dynnu sylw at yr hyn oedd yn digwydd yn yr Almaen ar y pryd, gan fygwth dyfodol gwledydd canoldir Ewrop. Dechreuais feddwl, felly, tybed a fyddai'r llythyrau hyn yn ffordd dderbyniol o gyflwyno rhywfaint o'r profiad oedd gennyf o dynged Awstria a'i phobl, a thynnu sylw drachefn at broblemau canoldir Ewrop yn gyffredinol. Gwelsom yn ddiweddar ddathlu hanner-can mlwyddiant llawer digwyddiad, megis yr Holocost, yn ogystal â diwedd yr Ail Ryfel Byd. Ysgrifennwyd y llythyrau hyn cyn hynny. Felly ar y pryd, profiad personol iawn roeddwn i'n ei gofnodi, ac erys y nodyn personol hwnnw, er fy mod yn gobeithio y gall fy stori fod o ddiddordeb mwy cyffredinol.

Rhaid diolch i Julia am ei chaniatâd i ddefnyddio'r llythyrau gwreiddiol fwy neu lai fel y derbyniodd hi hwy. Ni fynnai hi imi gyhoeddi ei hatebion, ac yn wir mewn sgyrsiau, yn aml dros y ffôn, y derbyniais lawer cwestiwn ac awgrym ganddi. Ond y mae iddi hithau ran allweddol yn yr ohebiaeth, fel yn wir yn y gwyliau, gan nad yw'n debyg y byddwn wedi mentro yn ôl i Fienna ar fy mhen fy hun, ac oni wyddwn y byddai fy nghydymaith yn deall ac yn cydymdeimlo â'm teimladau cymysg ar ôl cyrraedd. Ni fu Julia yno o'r blaen, ond roedd ei theithiau yn Iwgoslafia a Tsiecoslofacia wedi peri iddi sylweddoli mor allweddol oedd yr hen Ymerodraeth Habsburg i hanes canoldir Ewrop i gyd, a dyheai am weld prifddinas Fienna, man cyfarfod poblogaeth gymysg yr holl fröydd hyn. Gwyddai fod llawer o drysorau'r gwahanol ddiwyll-iannau yno o hyd, wedi eu hel yn ystod canrifoedd goruchafiaeth yr Habsburgiaid, ac wrth gwrs yr oedd gan y ddinas fu'n gartref i gymaint o'r cyfansoddwyr mawr, apêl arbennig iddi.

Serch hynny, nid hanes disgrifiadol o'n teithiau drwy ddyffryn Donaw, na chwaith o ogoniannau pensaernïol Fienna a Budapest a geir yma, na hyd yn oed o'r cyngherddau a fynychwyd gennym, ond yn hytrach gronicl personol, a drodd yn fath o bererindod i mi. Yn wir, cofnodir yma fwy am Fienna'r tridegau na'r ddinas fel y'i gwelir heddiw, ac mae'r pwyslais, rhaid cyfaddef, yn bennaf ar fy mhrofiadau i yn y ddinas 'slawer dydd. Cystal felly imi egluro pam y'm denwyd i yno yn y lle cyntaf.

Treuliais fisoedd haf 1936 yn Fienna yn ymchwilio yn Archifdy Gwladwriaethol Awstria ar gyfer traethawd gradd M.A. Prifysgol Cymru. Dychwelais yno yn haf 1937 i ddathlu fy llwyddiant gyda'm ffrindiau, ond hefyd i weld pa ddefnyddiau oedd ar gael ar y pwnc y dewisais ei astudio ar gyfer gradd bellach. Prin ugain oed oeddwn i pan gyrhaeddais Fienna gyntaf, a syrthiais yn llwyr o dan gyfaredd y ddinas hardd er gwaethaf yr arwyddion o ddirwasgiad a thlodi oedd i'w gweld arni. Cyn diwedd yr haf cyntaf hwnnw penderfynais ddod i wybod hynny a fedrwn am yr hen ymerodraeth a'i gwahanol genhedloedd er mwyn deall ei methiant, yn ogystal â'r dynged a fygythiai weriniaeth Awstria ar y pryd o gyfeiriad Hitler a'r Natsïaid.

Dychwelais i Lundain ddiwedd Medi 1937 i ddechrau ar fy nghwrs ym Mhrifysgol Llundain, sef traethawd ar le'r gwahanol genhedloedd yn yr hen ymerodraeth rhwng 1848 a 1867. Gweithiwn o dan gyfarwyddyd yr Athro R.W. Seton-Watson, hanesydd o fri, a gŵr y bu iddo ran allweddol yn sefydlu'r gwledydd newydd, Tsiecoslofacia ac Iwgoslafia, ar adfeilion yr hen ymerodraeth. Sgotyn unplyg ydoedd, gŵr gwir fonheddig ei natur, y cyfrifaf ei adnabod ef a'i deulu ymhlith prif freintiau fy mywyd. Ar ei aelwyd cyfarfûm â llawer gŵr pwysig a diddorol, megis Jan Masaryk a Wickham Steed, yn ogystal â phrif haneswyr Romania, Serbia a Hwngari ar y pryd. Yr oedd yr haneswyr hyn oll i wynebu dioddefaint erchyll yn ystod y blynyddoedd dilynol, a'r Hwngariad yn unig a ddihangodd rhag talu'r gosb eithaf.

Treuliais y gaeaf hwnnw yn llyfrgelloedd Llundain yn fy mharatoi fy hun ar gyfer cyrraedd Fienna erbyn Mai 1938 i dreulio gweddill y flwyddyn yn astudio

9

yno. Sicrhawyd caniatâd i mi yn ddidrafferth i gael ymchwilio yn yr un Archifdy â chynt. Ond aeth Hitler i Fienna o'm blaen, ym mis Mawrth, a drysodd hynny fy nghynlluniau yn llwyr. Pan atgoffais awdurdodau'r Archifdy, ar ôl i'r wythnosau cynhyrfus cyntaf fynd heibio, fy mod i'n gobeithio cadw at fy nhrefniant, awgrymwyd i mi ohirio am ychydig, 'oherwydd adrefnu angenrheidiol', nes y clywn oddi wrthynt eto. Ond ni chlywais yr un gair ganddynt byth. Eto, gwn am o leiaf un hanesydd Prydeinig a weithiodd yno ddiwedd haf 1938 heb drafferth.

Ofnai fy Athro mai ef oedd y rhwystr, ac awgrymodd 'mod i'n gwneud cais newydd fel myfyriwr o Brifysgol Cymru, ond ni wneuthum hynny, gan na fynnwn guddio f'edmygedd o safiad eofn Seton-Watson yn erbyn unrhyw drefn ormesol. Yr oedd cyfarwyddwr yr Archifdy yn Fienna wedi troi i gefnogi'r *Anschluss* (uno â'r Almaen) yn nydd goruchafiaeth y Natsïaid, a chan ei fod yn adnabod fy Athro yn dda, mae'n bosib nad oedd am weld hyd yn oed un o'i fyfyrwyr. Ar ôl clywed am drigolion Fienna yn colli eu pennau wrth groesawu Hitler, ac yn bihafio fel hwliganiaid wrth erlid yr Iddewon, nid oedd gennyf finnau'r un blas i fynd yno erbyn hynny. Awgrymwyd fy mod yn mynd, o dan nawdd yr Ysgol Astudiaethau Slafonaidd, i Bratislava yn yr hydref, ac oddi yno i chwilio a oedd ym Mhrâg gopïau o'r un dogfennau ag oedd yn Fienna. Ond ym mis Medi, pan arwyddwyd Cytundeb Munich, gwyddem mai mater o amser yn unig ydoedd cyn i Hitler feddiannu Tsiecoslofacia hefyd, a chyngor fy Athro oedd imi aros yn Llundain a gweithio orau medrwn gyda'r deunydd

10

yn y wlad hon. Treuliais gryn dipyn o'm hamser weddill y flwyddyn honno yn ceisio helpu rhai o'm ffrindiau Iddewig i ffoi o Fienna, drwy chwilio am waith iddynt a chaniatâd i ddod i Brydain. Ceir cyfeiriadau yn y llythyrau at y cyfeillion hyn – y rhai a ddaeth yma, a'r rhai na fedrodd ddianc.

Pan ddaeth y rhyfel o'r diwedd, fe'm gwahoddwyd yn ôl i'm hen goleg yn Abertawe i ddarlithio yn yr Adran Hanes, ac yno y bûm tan ddechrau 1945, pan ddilynais fy ngŵr i Aberystwyth, ar ôl iddo gael ei ryddhau o wasanaeth Ei Fawrhydi i fod yn Gyfarwyddwr Addysg Ceredigion. Setlais innau i lawr i fywyd teuluol a gorchwylion cwbl newydd. Ni fyddai'n bosibl imi ystyried astudio yn Fienna ynghanol y chwalfa yno. Arhosodd milwyr y Cynghreiriaid buddugol yn Awstria tan 1955, a dinas Fienna ei hun wedi ei rhannu rhyngddynt. Un teulu yn unig o'm holl gydnabod gynt a adawyd i mi yno, a chan iddynt hwythau droi i groesawu Hitler yn 1938 (er iddynt wadu hynny wedi'r cwymp, fel cymaint o'u cydwladwyr, ac nid yr Arlywydd Waldheim yn unig), nid oeddwn yn orawyddus i ymweld â'r ddinas a newidiodd gymaint. Gwnaeth marwolaeth fy Athro ar ddechrau'r pumdegau hi'n haws fyth imi droi fy sylw i'r meysydd a gynigiai'r Llyfrgell Genedlaethol ar fy nhrothwy, ac er i ni fel teulu grwydro'r cyfandir eto yn y man, ni ddaeth i'n rhan i fynd mor bell â Fienna cyn i atynfa newydd ein denu i groesi Môr Iwerydd. Ar ôl colli fy ngŵr, yr oeddwn yn rhydd o bob gofal teuluol unwaith eto, ac nid oedd dim i'm rhwystro rhag mentro i weld sut olwg oedd ar Fienna bellach. Eto i gyd, ni fyddwn wedi gafael yn y cyfle oni bai am Julia.

11

Deuthum i'w hadnabod hi pan gyraeddasom Aberystwyth yn 1945. Yr oedd fy ngŵr a minnau yn adnabod J.R. ers blynyddoedd, ond heb gyfarfod â'i wraig nes dod yma i fyw. Yn fuan iawn daethom yn ffrindiau clòs, ac fel un o'r gogledd, yr oedd hi'n ffefryn mawr gan fy mam yng nghyfraith a wnaeth ei chartref gyda ni. Bu'r 'J.R.'s' yn gefn mawr i ni fel teulu pan drawyd fy ngŵr â salwch a olygodd ei fod yn cael ei symud i wahanol ysbytai am flwyddyn gron. Colled fawr i ni oedd ymadawiad J.R. a Julia am Abertawe, ond wrth gwrs gwelem hwy'n aml ar hyd y blynyddoedd, gan gynnwys blwyddyn olaf, arwrol J.R. A phan ddaeth cystudd i'n bywyd ninnau drachefn, nid anghofiodd Julia ni; yr oedd ei hymweliadau yn ddirybudd, ond bob amser yn galondid. Ac yn f'unigedd wedi colli fy ngŵr gwelodd hi mai un ffordd i'm helpu oedd fy nghael i sôn am Fienna, gan gofio fel yr arferwn adrodd fy helyntion yno wrthi pan ddaeth hi i'm hadnabod gyntaf ddeugain mlynedd ynghynt.

Felly aethom ein dwy yno ym Medi 1987, hanner can mlynedd cymwys i'r amser y gadewais y lle. Trefnasom aros mewn gwesty yng nghanol y ddinas, y tu ôl i'r Opera, fel y gallem hamddena o gwmpas y prif atyniadau, ac eto bod o fewn cyrraedd hwylus i deithio allan o'r ddinas pan fynnem. Gan fod y Kärntnerstrasse wedi ei phedestreiddio bellach, nid oedd mor swnllyd ag y'i cofiwn. Wrth gwrs, gwelwn gyfnewidiadau bron ar bob llaw. Gyda'r amlycaf oedd y cofadeiladau anferth – hyll i'm golwg i – a gododd y Rwsiaid i gofnodi a chlodfori mai eu byddinoedd hwy a gyrhaeddodd y ddinas gyntaf i ryddhau Fienna yn 1945. Ond yn gyffredinol, yr oedd golwg llawer mwy

12

llewyrchus ar y ddinas nawr nag yng nghanol y tridegau. Oherwydd i'r Cynghreiriaid ei chyfrif hi fel y wlad gyntaf i'w gormesu gan Hitler, derbyniodd Awstria gymorth ganddynt, a gwelwn fod yr adeiladau mawreddog a gofiwn i fel rhai llwydaidd ac ôl esgeulustod arnynt, bellach wedi eu hatgyweirio a'u paentio, gan gynnig cyfleusterau gwych i letya cynadleddau rhyngwladol o bob math. Yr oedd trafnidiaeth wedi cynyddu'n ddirfawr, a rhuthr y bywyd modern wedi cydio yn y ddinas, a thrwy hynny, mi deimlwn i, collwyd llawer o'r hen gwrteisi a nodweddai ei phobl gynt.

Yr oedd y Metro newydd yn gyfleus iawn, am ei fod yn rhoi cyfle inni osgoi llawer o'r mân strydoedd, ac i groesi'n ddiogel a diffrwst sgwarau mawr prysur, megis yr un wrth yr Opera. Dibynnem lawer ar y gyfundrefn dramiau ar ôl imi ganfod eu bod yn dilyn yr un siwrneiau â chynt. Gwerthfawrogem yn arbennig y cyfle a gynigient inni i syllu ar adeiladau mawr y Ringstrasse yn eu cyfanrwydd, o'r selar i'r to. Tra ymddangosai'r ddau gerbyd coch rhwym-wrth-ei-gilydd yn ddigyfnewid, gan ddal i wichian a chloncian yn union fel y cofiwn hwy, a'u clychau'n diasbedain rhybudd mor groch a sydyn ag erioed, bu'n rhaid imi ddysgu'n fuan fod gweddill y drafnidiaeth bellach yn cadw i'r dde fel yng ngwledydd eraill y cyfandir, lle gynt âi ar y chwith fel ym Mhrydain.

Yr oedd diddordeb Julia yn hanes y ddinas, a'i hawydd i weld cymaint a fedrai, yn f'arwain i lawer o fannau fu gynt yn gyfarwydd iawn i mi. Teimlwn ing o sylweddoli ar y diwrnod cyntaf nad oeddwn innau namyn dieithryn bellach, twrist arall, yn y ddinas lle bûm gynt mor gartrefol, yn wir yn rhan o ddau rwydwaith 'teuluol' clòs, er pur wahanol i'w gilydd, oherwydd fe'm mabwysiadwyd gan berthnasau fy ngwahanol ffrindiau, i'w cyfarch fel 'Tante', a 'Cousine'. Bellach ysgubwyd hwy oll i ffwrdd – un cylch yn ddigon naturiol yn ôl trefn amser – ac er imi obeithio wrth gyrraedd y llwyddwn i ddod o hyd i ambell ddisgynnydd, profwyd y gobaith hwnnw'n ofer, fel y gwelir yn y llythyr cyntaf. Gwyddwn ond yn rhy dda i'm 'tylwyth' arall hen ddiflannu o'u cynefin, trwy greulonder mawr, direswm. Er imi wynebu'r ffaith hon flynyddoedd maith yn ôl, yr oedd gweld eu trigfannau cynt a'n mannau cyfarfod hoff, yn ailddeffro'r hiraeth amdanynt, ac yn cyffroi drachefn y dicter chwerw a deimlais ar y pryd yn f'anallu i'w hachub hwy, a'm methiant i argyhoeddi'r difater, yno ac yma, o'r anfadwaith oedd ar gerdded. Ni fu'n ddim cysur i mi weld gwireddu fy mhroffwydoliaethau, ac er mor uchel fu pris y wers i'r byd yn gyffredinol, y mae'n amheus gennyf weithiau heddiw a ddysgwyd hi o gwbl gan rai.

Ac eto, er gwaetha'r tristwch, ni ddiflannodd yr atgof am y profiadau melys wrth gofio yn y fan a'r lle am ryw hwyl fawr a gafwyd, neu ambell orig dawel hapus a dreuliwyd, er yn ymwybodol bob amser o'r cwmwl ar y gorwel. Ar yr adegau atgofus hyn, yr oedd cwmni deallus Julia'n werth y byd. Yn wir, mae'r llythyrau hyn nid yn unig yn gofnod o'n gwyliau, ond hefyd, mi obeithiaf, yn deyrnged iddi hi am ei hir amynedd a'i chydymdeimlad mawr.

Ar ei hawgrym hi yr aethom hefyd i Budapest am ryw bedwar diwrnod. Bûm i yno o'r blaen, ar wyliau byr o Fienna yn 1936, gan edrych ar allanolion y ddinas hardd, heb gyfle i uniaethu â'r lle, heb gyswllt ag unrhyw un o'r brodorion, a'r iaith unigryw yn cymhlethu pob anhawster. Twristiaid oeddem yno'r tro hwn hefyd, yn aros mewn gwesty rhyngwladol, a'n harian gorllewinol yn rhoi statws breintiedig i ni. Ond y gwahaniaeth amlycaf i mi oedd y newid llwyr yng nghyflwr y ddwy ddinas ers y tridegau. Lle gynt yr oedd Budapest yn fwy bywiog o lawer na'r Fienna ddarostyngedig, yn awr Budapest a edrychai'n llwyd a diraen, a'i siopau cyffredin yn brin o'r danteithion y medrem eu prynu yn y siopau arbennig i dwristiaid yng nghanol y ddinas. Rhaid cofio fy mod i'n sôn am 1987, cyn i'r Llen Haearn ddiflannu ac i drefn Comecon ddarfod yn gyfan gwbl.

Yr oedd un gwahaniaeth mawr personol hefyd. Y tro hwn yr oeddwn yn adnabod un person yn Budapest, neb llai na'r hanesydd y cyfarfûm ag ef gyntaf drwy Seton-Watson, y cefais lawer o'i gwmni yn ystod haf pryderus 1939, ac nas gwelais ers hynny. Nid oeddwn wedi clywed ganddo ers blynyddoedd, pan ofnwn darfu ar ei ddiogelwch drwy dynnu sylw at ei gysylltiad â'r Gorllewin. Felly fe a sgrifennodd ataf fi, pan fedrodd. Gwyddwn felly am ei gyfnodau yn y carchar ac am eu dioddefiadau fel teulu. Ond gwyddwn hefyd fod ei waith fel hanesydd ei wlad bellach wedi ei gydnabod nid yn unig yn yr Unol Daleithiau a Ffrainc, ond yn Hwngari ei hun, ac iddo gael ei ethol yn bennaeth yr Adran Hanes yn y sefydliad rhwysgfawr hwnnw, Academi Cenedlaethol y Gwyddorau yn Hwngari. Erbyn hyn ef, Domokos Kosáry, yw llywydd y sefydliad hwnnw.

15

Mor hyfryd oedd treulio diwrnod yn ei gwmni unwaith eto, a thrwy hynny gael cyfle nas roddwyd i ni yn Fienna, i drafod amgylchiadau'r wlad a'r cyfnod gydag un o'r brodorion, ac un yr oedd ei farn yn hynod werth ei chael. Braf iawn i ni'n dwy hefyd oedd treulio pnawn mewn cartref yn llawn llyfrau ar ôl byw fel teithwyr dieithr mewn gwestai, cyfforddus ddigon, ond amhersonol. Ceir cyfeiriad at y diwrnod hwnnw yn un o'r llythyrau. Nid ydym wedi manteisio ar ei wahoddiad cynnes i ymweld â'i ystad â'i pherllan geirios ar lan Llyn Balaton hyd yn hyn, ond daw ei wyres yma ataf i Aberystwyth fel y mynn. Teimlaf felly nad yw pob cysylltiad â'm gorffennol yng nghanoldir Ewrop wedi diflannu.

O.N. Rwyf yn ymwybodol bod y gyfrol yn gorffen gyda llythyr a ysgrifennwyd yn 1990, a bod y sefyllfa Ewropeaidd wedi newid tipyn ers hynny, yn arbennig yn Iwgoslafia. Eto teimlaf fod 1989/90 yn dynodi diwedd cyfnod arbennig yn hanes Ewrop, ac felly'n fan ddigon addas i orffen y llyfr.

Wrth baratoi ar gyfer cylch ehangach o ddarllenwyr sylwadau a gododd rhwng dwy ffrind yn edrych yn ôl ar eu gwyliau, tybiais fod angen egluro rhai o'r cyfeiriadau ac ymadroddion a gymerwyd yn ganiataol yn yr ohebiaeth wreiddiol rhwng dwy a wyddai dipyn am orffennol Awstria a Fienna. Felly cynigiaf atodiad – 'Gair am y Cefndir' – ar ddiwedd y llythyrau, i'r sawl a deimla angen am hynny.

Marian Henry Jones
Aberystwyth 1996

I

Annwyl Julia,

Y bore yma oedd y tro cyntaf imi sefyll ar garreg y drws cefn ers imi gael y ffliw, a theimlais yn ddiolchgar 'mod i'n ddigon hwylus i feddwl am wynebu'r byd unwaith eto. Wythnos olaf Ionawr ydyw, ond bu'n anarferol o fwyn. Meddyliais efallai y byddai'r glaswellt wedi tyfu rywfaint tra oeddwn i'n teimlo'n ddiflas a llesg, ond ni ddisgwyliais i flodyn glas y periwincl ei wthio'i hun i'm sylw. Yn wir, prin y cofiwn ei fod yno o gwbl. Plannwyd ef mewn hen bot simdde ryw ddwy flynedd yn ôl gan Mary, fy merch yng nghyfraith, ac er iddo ffynnu o'r dechrau, gan ymledu a deilio'n brydferth, ni welwyd yr un blodyn arno hyd yn awr. Ac yn wir, pe bai wedi blodeuo cyn y llynedd, ni fyddai wedi fy nghyffwrdd gymaint â hynny. Nid 'cyffwrdd' yw'r union air chwaith, ond 'cyffroi' – dyna a ddigwyddodd i mi'r bore hwn, fy nghyffroi i'r byw, ac mor annisgwyl heddiw. Y tro diwethaf imi syllu ar flodyn periwincl glas – ac un yn blodeuo ar ei ben ei hunan oedd hwnnw hefyd – yr oedd yn ddydd o haf crasboeth, ei gymheiriaid oll wedi crino yn y gwres, gan adael yr un llygedyn glas hwn ar glustog o ddail tywyll, trwsgwl, a orchuddiai'n gyfan gwbl y bedd hwnnw yn Fienna. Syllem ninnau'n dwy arno'n syn,

17

wedi'r orchest o gael hyd iddo o'r diwedd. Dyna pam yr ysgrifennaf atoch heddiw, i gael ail-fyw y diwrnod hwnnw, ac i ddiolch i chi eto am fod gyda fi ar lan y bedd yna, fisoedd yn ôl bellach.

Fe gofiwch, mi wn, am ein hymweliad â'r fflat lle yr hanner gobeithiwn weld fy ffrind Anna Fischer yno o hyd, er imi sylweddoli y byddai ymhell ymlaen yn ei hwythdegau bellach. Yr oeddwn yn weddol siŵr y gwelwn ei mab, Walter, yno, neu rywle o gwmpas, ac yntau flynyddoedd yn iau na mi. Cofiaf yn dda mor bendant yr oeddech, Julia, y byddai'n well gennych ddod gyda mi i chwilio am fy ffrindiau proletaraidd a drigai yn un o faestrefi Fienna, i gyfeiriad Schönbrunn, nag aros, fel yr awgrymais, i hamddena yng ngerddi hardd y palas hwnnw neu ddilyn y lliaws twristiaid o gwmpas ystafelloedd gorwych Maria Theresa, nes y dychwelwn atoch ymhen rhyw awr. A dilynasoch fi o un tram i'r llall, gan gerdded yn ddirwgnach ar hyd y strydoedd di-liw a brofai'n hwy o lawer na'm cof i amdanynt. Yr oedd rhai ohonynt yn gwbl ddieithr i mi oherwydd yr ailadeiladu wedi'r rhyfel, ac fe'm dryswyd cymaint gan y newid cyfeiriad yn llif y drafnidiaeth nes imi dybio imi golli fy ffordd unwaith, a phenderfynu y byddai'n well inni gymryd rhyw bryd ysgafn cyn mynd ymhellach. Mae'n siŵr y cofiwch fwyta *Kaiserschmarrn* – na fedrech benderfynu ai crempog ynteu ŵy wedi'i sgramblo ydoedd – hanner dydd, a hynny mewn tafarn go gyffredin, lle synnai'r cwmnïwyr arferol ganfod dwy estrones yn eu plith, a'r rheini'n parablu rhyw iaith anghyfarwydd iawn! Cofiaf nad oeddech chi am loetran yno'n hir!

Edrychai'r tŷ, ar ôl i ni gael hyd iddo, yn union fel y

gwelais ef ddiwethaf, ac fel y'i gwelais bob prynhawn Gwener yn ystod yr hafau hynny dros hanner can mlynedd yn ôl, pan drown fy nghefn ar fy mhapurau llychlyd yn y Staatsarchiv, anwybyddu fy llety aristocrataidd ynghanol y ddinas, a throi'n eiddgar at fy ffrindiau gwerinol, ymhell y tu hwnt i'r Westbahnhof (Gorsaf y Gorllewin), lle byddai'n rhaid imi ddal y trên adref yn y man – yn rhy fuan o lawer! Fflat fechan oedd hi, gydag un ystafell ar gyfer byw a chysgu, a chegin fach bitw, ac roedd yn rhaid rhannu'r cyfleusterau – y tap dŵr a'r toiled ar y landin – â phreswylwyr eraill ar yr un llawr. Ond yno derbyniwn groeso dihafal gan Anna a Rudolf, a'u bwji bach, Hansi, yn ei gawell ar y balconi. Byddai Rudolf wedi dod â danteithion o'r gwesty – un o westai enwocaf canol y ddinas – lle y gweithai fel gweinydd, danteithion megis *Apfelstrudel* a *Sachertorte*, a phob amser *Semmelbrot*, sef y rholiau bach gwynion nad oedd ar gael ond amser brecwast yr adeg honno yn Fienna, gan ei fod yn gwybod 'mod i wedi laru ar y bara rhyg llawn hadau carwe!

Ar y dechrau byddai Anna'n gwisgo'i ffrog orau o *rayon* blodeuog i'm derbyn, fel pe bai'n mynd i'r eglwys neu i'r ddinas, nes iddi sylweddoli y gallai fod yn hollol gartrefol gyda fi, ac wedyn gwisgai ei *Dirndl* arferol, sef gwisg draddodiadol y merched. Ar y dechrau hefyd, yr oedd yn rhaid i Rudolf gyfieithu imi lawer o'r hyn a ddywedai hi, gan mai tafodiaith Fienna a siaradai, nid yr Almaeneg clasurol. Ond yn fuan deuthum i ddeall yr oslef, ac i ddysgu llawer o'r geiriau a'r ymadroddion, a theimlad braf oedd gallu bwrw iddi i siarad â hi heb boeni am wallau gramadegol yn f'Almaeneg innau! Saesneg yr hoffai Rudolf siarad â mi; dyna oedd fy swyn iddo ef. Deuwn ag atgofion iddo am yr amser pan oedd yntau'n ifanc, yn gweini yn nhŷ bwyta Frascati yn Llundain cyn y Rhyfel Mawr, ac yn caru gydag un o'r merched a weinai yno. Ond pan aeth yn ôl yno yn 1920, ar ôl gwasanaethu yn awyrlu Awstria, cafodd ei bod hi'n briod â Sais, wedi blino disgwyl amdano. Ond nid anghofiodd ef hi byth, ac yr oedd Anna druan yn sylweddoli mai ail orau fyddai hi am byth i'r 'Nora' honno. Wedi'r siom, trodd Rudi i'r môr i weini fel stiward ar y llongau mawr a deithiai rhwng Hamburg ac Efrog Newydd. Yn y man dychwelodd i Fienna a phriodi Anna, ffrind i'w chwaer, un oedd wedi dwlu arno ers blynyddoedd y rhyfel. Ganwyd Walter, eu hunig blentyn, ac fe'i sbwyliwyd gan y ddau. Gwraig fodlon ei byd oedd Anna, yn cadw ei fflat fechan fel pin mewn papur, ac yn ddiolchgar am ŵr caredig a oedd yn ddigon clyfar i ddal ei afael mewn gwaith trwy holl ddiweithdra'r cyfnod. Gwyddai nad oedd ef yn gwbl ffyddlon iddi, ond gwyddai hefyd y deuai yn ôl ati bob tro. Rhai felly oedd dynion, tybiai Anna; plant yn cael eu llygad-dynnu gan degwch. Fe'i cyfrifai ei hun yn lwcus i gael gŵr llawn hiwmor, yn hael, ac yn y pen draw, yn gyfiawn. Diolchai i Dduw a'r Forwyn Fendigaid amdano!

Ie, siomedig iawn oeddwn o glywed gan y gymdoges gyfeillgar honno a siaradodd â ni dros ymyl y canllaw haearn cerfiedig – wedi iddi glywed ein lleisiau dieithr yn y cyntedd islaw – fod Anna wedi ei chladdu ers deng, neu efallai'n wir ddeuddeng mlynedd bellach, a'i bod yn gorwedd gyda'i phriod ym mynwent Ottakring. Roedd y gymdoges hon wedi cael Frau Fischer yn wraig hyfryd a chymydog dymunol bob amser. Yr oedd Herr Fischer wedi marw ymhell cyn iddi hi ddod yno i fyw, ond clywodd lawer o sôn amdano, wrth gwrs; mae'n debyg iddynt fod yn bâr hynod o hapus, ac nid esgeulusodd y weddw fynd â blodau a chanhwyllau i'r bedd nes iddi ffaelu – byddai'n mynd yno gyda'i chwaer bob pnawn Gwener. Roserl, meddyliais, gan gofio am y chwaer iau, wallt golau. Holais am Walter.

'Roedd ganddynt fab . . .' dechreuais, gan oedi wrth weld y wraig yn ymgroesi.

'Ach, gwae! Bu yntau farw dros dair blynedd yn ôl, bellach. Roedd yn byw yn Hernals gyda'i gariad, Emmy.'

'A fu e'n dda wrth ei fam?'

'Fel bydd meibion, wyddoch chi.'

'A'r crwt?' holais ymhellach. Wyddai hi ddim am yr un crwt. Ond fe wyddwn i. Fi a'i cadwodd yn fyw, yn ôl Walter, drwy ddanfon dillad cynnes iddo yn ystod gaeaf caled 1947, ynghyd â pharseli bwyd iddynt oll. Yr oedd hynny ar ôl imi ailgysylltu â hwy wedi'r rhyfel, a chlywed fod Rudolf wedi marw yn 1944, a bod sefyllfa Fienna yn wir drychinebus. Derbyniais luniau ganddynt, o Walter a'i wraig Mitzi, a'u baban Uli, a hefyd o Anna, oll yn edrych yn llawen ddigon. Ond pan ddaeth yn adeg i'r bychan gerdded, sylweddolwyd na fedrai, ac na ddeuai byth i wneud dim drosto'i hunan. Torrodd y fam ifanc ei chalon a ffodd yn ôl at ei rhieni yn y wlad, ger Maria Zell. Aeth Walter â'r baban yn ôl i'r fflat at ei fam, yn llawn chwerwedd. Ni fedrai Anna sgrifennu ataf ei hunan; ni ddysgodd dorri ei henw erioed am a wn i, ac rwy'n amau'n fawr a fedrai hyd yn oed ddarllen y llythyrau a ddanfonais ati. Walter a'u hatebodd. Yr oedd ef, mae'n amlwg, mor alluog â'i dad i'w thwyllo a'i chocso, ac yn meddu hefyd ar yr un ddawn i sicrhau gwaith iddo'i hun pan oedd hynny'n orchest nid bychan. Gweithiai yn un o siopau mawr y ddinas.

O dipyn i beth darfu'r ohebiaeth rhyngom. Fi mewn gwirionedd a ddiflasodd, ar ôl clywed iddo symud at ryw 'Emmy' yn Hernals, un o'r maestrefi cyfagos, gan adael y bychan, del ond ffaeledig, gydag Anna. Erbyn hyn sylweddolaf nad baich oedd yr un bach i Anna, ond ei hŵyr bach ei hunan yn llanw bwlch yn ei bywyd. Ni chaf wybod bellach beth ddaeth o'r bychan; a ddaeth ei fam i'w gyrchu ati i'r *grüne Steiermark* (Styria wyrddlas), neu'n debycach, a fu farw'n ifanc, cyn i'r gymdoges hawddgar symud i'r tŷ hwnnw? Digiais wrth Walter ar y pryd am iddo fod mor hunanol, ond pan glywais gan y gymdoges i'r berthynas yn Hernals brofi'n un sefydlog, fe'i derbyniais yn gerydd, gan synnu imi fod mor hunangyfiawn 'slawer dydd! Ond tra oeddem yn dal i lythyru, cefais wybod y cwbl am gystudd hir Rudolf ar yr adeg y cyrhaeddai'r rhyfel Fienna ei hun, a'r rhod yn amlwg yn troi yn erbyn Hitler. Ond yn ôl Walter, llwyddodd Anna'n rhyfeddol, drwy ei gofal mawr, i estyn oes ei dad ymhell y tu hwnt i ddisgwyliad y meddyg, gan iddi lwyddo'n wyrthiol i sicrhau'r bwyd cymwys iddo ar adeg o newyn cyffredinol. Bu Rudolf farw 10 Medi 1944, ac fe'i claddwyd ym mynwent Ottakring. Aethai blwyddyn heibio cyn imi gael y wybodaeth hon, ond nid anghofiais y dyddiad.

Fe gofiwch inni gael hyd i'r fynwent yn reit handi wrth ddilyn cyfarwyddyd y gymdoges, er inni ddiffygio braidd wedi cyrraedd, o weld ei maint, yn ymestyn dros erwau maith. Aethom yn syth am y *Kanzlei* (y swyddfa) drwy'r rhodfeydd o gypreswydd pigfain, heibio i'r llu o angylion marmor gwyn a fynnai inni godi'n golygon, heibio i obelisgau digon diddorol, a cholofnau o bob lliw. Oedodd y ddwy ohonom ar bwys yr arysgrifau Rwsiaidd a'r sêr coch uwchben rhes o feddau milwyr y Sofiet, sef y rhai a syrthiodd yn yr ymrafael am y ddinas, er mwyn i chi, Julia, gael cyfle i'w darllen a'u dehongli imi. Ac yna wedi cyrraedd y *Kanzlei* clywed ein bod yn rhy hwyr! Yr oeddynt wedi cau ers hanner awr, meddai'r ferch ifanc yno.

'A ninnau wedi dod bob cam o Loegr yn unswydd i weld bedd ffrind – wedi methu â dod i Fienna am hanner can mlynedd.'

'Dewch yn ôl yfory; byddwn ar agor o saith y bore ymlaen.'

'Yfory ry'm ni'n mynd ymlaen i Budapest!'

Prin 'mod i'n dweud y gwir bob gair! Ac am unwaith roeddwn yn barod i honni 'mod i'n dod o Loegr, gan wybod na olygai Cymru ddim iddi hi. Nid oeddem yn mynd i Budapest am rai dyddiau, chwaith, ond roedd mannau cysegredig eraill gennyf i ymweld â hwy, ymhell o Ottakring. Wedi dod mor agos, chwith fyddai colli'r cyfle i wybod mwy am ddiwedd fy ffrindiau. A chwarae teg, Julia, yr oeddech mor awyddus â minnau erbyn hynny i wybod pa aelodau o'r teulu y clywsoch gymaint amdano oedd yn gorwedd yn y gweryd. A chi, wrth droi yn ôl yn drist i roi un cip arall ar y swyddfa a'n siomodd, a sylwodd

23

fod rhywun yn y ffenest yn codi ei law ac yn ein galw ato. Prin y gallwn i gredu, ond roeddech chi eisoes yn brasgamu yn ôl ar hyd y llwybr!

Fe'n croesawyd yn gwrtais gan ŵr ac iddo osgo rhywun fu gynt yn swyddog yn y fyddin, a gan inni ddod mor bell, roedd yn barod i agor ei swyddfa i ni. Ond ni fyddai'n medru ein helpu oni bai fy mod i'n gwybod manylion am y person cyntaf a gladdwyd yn y bedd yr oeddwn yn holi yn ei gylch. Rhoddais iddo'r wybodaeth oedd gennyf, ac fe gofiwch fel y dywedodd wrth y ferch a welsom eisoes, i chwilio am yr enw mewn cyfrol arbennig. Wedi iddi gael hyd i'r enw, gofynnodd ef imi am gyfeiriad yr ymadawedig pan fu farw. Wrth imi enwi'r fflat yn yr adeilad yr oeddem newydd ddod ohono, sicrhaodd y ferch ei meistr ei fod yn cyfateb – *es stimmt*. Yna dywedodd ef wrthi am sgrifennu rhif a rhes y bedd ar bapur, a'i roi i mi. Wedi ei gael, gofynnais iddo am gyfarwyddyd ynglŷn â sut i fynd ati i chwilio am fedd mewn mynwent mor fawr. Cofiwch iddo ddod gyda ni at y drws, a galw ar ŵr oedd yn gweithio ar y llwybr gerllaw i ddod i'n cynorthwyo. Braf oedd clywed hwnnw'n siarad ag acen *Dialekt* Anna ei hun! Ni fu'n rhaid iddo'n harwain mwy nag ychydig gamau cyn ein bod yn sefyll wrth garreg ithfaen llwyd golau a'r enw 'Fischer' wedi ei ysgrifennu mewn llythrennau aur ar ei thraws, yn dra blodeuog. *Speisekarte-Schrift* (llawysgrifen fwydlen) ddaeth i'm meddwl, gan gofio'r dyddiau pan sgrifennid y fwydlen â llaw mewn inc piws, yn llawn cwafers ac addurniadau. A meddyliais am rai o'i gydweithwyr gynt a fyddai wedi helpu Anna gyda'r trefniadau, yn ôl pob tebyg. Ond siom oedd methu gweld ar y garreg unrhyw gofnod arall – dim enw na dyddiad.

Fe gofiwch y ddau lusern bychan, un bob ochr i'r garreg, ac ôl canhwyllau wedi toddi ynddynt, ond a oedd bellach wedi eu cloi gan rwd. Rhwng y ddau lusern yr oedd gwely o *sempervivum*, a medraf eich gweld yn awr, Julia, yn rhuthro i symud y dant y llew a dyfai mor haerllug yn eu plith! Yr oedd gweddill y bedd wedi ei orchuddio â dail gwyrdd tywyll a *vincula*, gydag ambell flodyn crin yma ac acw, ond un blodeuyn yn dal yn las disglair, gan beri imi gofio am lygaid glas, glas y gŵr a orweddai yno, yr unig un yr wyf yn gwbl siŵr sydd yno er, a derbyn gair y gymdoges glên, y mae ei 'Annerl' yno gydag ef. Tra oeddech chi'n mwstro i roi tipyn o drefn ar y bedd, ac yn pitïo na ddaethom â blodau ffres gyda ni, sefais i ar y llwybr a gweld eto yn fy meddwl yr wyneb agored, glân, llawen. Cofio hefyd i Walter ddweud rywdro, pan oeddem yn un criw llawen gyda chwiorydd Anna a'u gwŷr ar bicnic allan yn y wlad yn rhywle, a Rudolf wedi tynnu clafrllys o'r clawdd a'i roi i mi:

'Mae Nhad yn credu mai *Vergissmeinnicht* (N'ad fi'n angof) yw pob blodyn glas!'

Dyna rai o'r pethau a ddaeth i'm meddwl y bore yma, wrth imi edrych ar y periwincl cynamserol wrth fy nrws. Neges oddi wrth y gŵr â'r llygaid glas o dan y gro yn Ottakring? – 'N'ad fi'n angof'!

Meddwl wedyn fel bu fy mhrofiadau yn Fienna, hanner canrif yn ôl, yn rhan o'm pererindod innau i chwilio am y blodyn glas, *die blaue Blume*, y chwiliai beirdd Rhamantaidd yr Almaen amdano.

Addewais sgrifennu i lawr hanes y Fischers ar eich

Y gymdoges ar y grisiau

Julia'n tacluso'r bedd yn Ottakring

cyfer, Julia, a dyma fi o'r diwedd yn gwneud hynny, gan ddiolch eto i chi am fod y cydymaith perffaith ar y bererindod honno. Ond diwedd stori'r Fischers yw hon. Hwyrach y cewch rywdro eto, os mynnwch, hanes dechrau fy mherthynas â hwy. Daw hynny ag atgofion i chithau am y noson gofiadwy a gawsom yn Grinzing, cyn i wraig y Ffrancwr ffraeth droi'n sur, a mynnu eu bod yn mynd adref heb lolian â ni mwy!

Wedyn fe ddeellwch paham, wrth inni fynd o dan fwa mawr marmor clwyd y fynwent, a'r geiriau 'Bendigedig yw y rhai sy'n marw yn yr Arglwydd' arno mewn Lladin, y dechreuais i wenu, yn wir i chwerthin. Fe'ch cofiaf chi'n edrych arnaf mewn syndod! Ond wedi sylwi ar y tŷ gyferbyn oeddwn, a gweld torch werdd yn hongian o'r bondo, yn arwydd bod gwin ar werth yno. Mor gwbl briodol, meddyliais, ac nid galarwyr sychedig oedd yn fy meddwl, ond Rudolf ei hun. Diolchwn fod yna *Heurige* mor agos ato o hyd; nid ei fod yn yfwr trwm o gwbl, ond yr oedd awyrgylch yr *Heurige* yn rhan hanfodol o'i ddiwylliant a'i hunaniaeth, sef tŷ bwyta lle y gwerthir 'gwin eleni', yr *Heuriger*. Yno câi cwmnïwyr yfed y gwin newydd, gan ddisgwyl gwneud hynny fel rheol i sŵn *Schrammel*, sef o leiaf piano, ffidil ac acordion, yn pyncio alawon gwerin Fienna. A chofiwn am ei lais tenor clir yn ymbil ar y Tad nefol, yng ngeiriau hen gân draddodiadol mewn *Dialekt*, i beidio â'i symud i'r nefoedd, bod Fienna ei hun yn ddigon o nefoedd iddo ef!

Yr unig gyfarch priodol wrth orffen hwn yw
Auf Wiedersehen,
a diolch!
Marian

27

II

Aberystwyth
10 Chwefror 1989

Annwyl Julia,

Diolch am y sgwrs ar y ffôn neithiwr. Ie, ein hymweliad â'r fynwent honno oedd uchafbwynt yr ymweliad â Fienna i mi, er na ddisgwyliais hynny o gwbl wrth gynllunio'r daith. Chi fynnodd 'mod i'n chwilio amdano, unwaith y cyffesais fod yna fedd allan yn Ottakring yr hoffwn ei weld pe bai amser yn caniatáu! Wrth sefyll ar lan y bedd hwnnw yr oeddwn yn ymwybodol 'mod i'n cloi pennod yn fy hanes, ac na fyddai'n rhaid imi ddychwelyd yno byth eto. Cyn hynny teimlwn yr anesmwythyd a ddaw o wybod i rywbeth gael ei adael heb ei orffen. Bellach nid oes gennyf ddim 'unfinished business' yn Fienna, a synnaf gymaint o ollyngdod a deimlaf. Gwyddwn eisoes beth ddaeth o'm ffrindiau eraill yno; nawr gwn ddiwedd stori'r Fischers. Nid oedd yn fwy na rhan naturiol o dristwch holl deulu dyn, ond i mi fod mewn perthynas arbennig â hwy unwaith. Cewch, rwy'n addo i chi, gownt llawn o'r modd y deuthum i'w hadnabod, ond onid gwell fyddai ceisio ateb rhai o'ch cwestiynau eraill chi yn gyntaf, a dychwelyd at y Fischers wedyn? Er mor werthfawr y bu'r olwg a gefais drwyddynt hwy ar fywyd haen bwysig o boblogaeth y ddinas, digwyddodd hynny yn gwbl annisgwyl, onid yn

28

ddamweiniol, ac i'w lwyr werthfawrogi, hwyrach mai gwell fyddai eu gosod yn erbyn cefndir cyffredinol f'arhosiad yn y ddinas. Efallai 'mod innau braidd yn amharod eto, a ninnau newydd ganolbwyntio ar eu bedd, i sôn am y Fischers yn eu hafiaith a'u hymroddiad i ymblesera.

Defnyddiais y geiriau Saesneg 'unfinished business' gynnau, gan gyfeirio at f'ymrwymiadau emosiynol â'r ddinas, ond yr hyn a'm synnodd ar ôl dychwelyd adref oedd cyn lleied o sylw a roddais i'r mannau lle treuliais y rhan fwyaf o'm dyddiau, o leiaf yn 1936, sef yr Archifdy Gwladwriaethol, a'r Llyfrgell Genedlaethol, a hynny er gwaethaf (ynteu oherwydd?) bod gennyf waith anorffenedig yno o hyd! Ond derbyniais ers blynyddoedd na fyddwn yn cael cyfle i orffen hwnnw, a chan i bethau eraill, dewisach, lanw fy mryd i'r ymylon, darfu ers peth amser yr ymdeimlad o golled a rhwystredigaeth a deimlais i'r byw pan y'm rhwystrwyd gyntaf. Ac mewn difrif, beth allwn i fod wedi ei gyflawni yno bellach mewn prin bythefnos, a minnau heb y dogfennau angenrheidiol i'm hawdurdodi i astudio yno? Dim mwy na'r hyn a wneuthum, sef edrych arnynt o'r tu allan! Yn gyntaf ar adeilad rhwysgfawr y Llyfrgell, y tu ôl i gofeb yr Ymerawdwr Joseph (hwnnw a geisiodd ddiwygio'r drefn yn y ddeunawfed ganrif), gan fynd i mewn am ychydig er mwyn i chi gael rhyw amgyffred o'r godidowgrwydd a fu yn y *Prunksaal* â'r nenfwd gorwych, ond heb fentro i ystafelloedd y darllenwyr lle y gweithiwn gynt. Yr oedd yr adeilad mawreddog hwn gyferbyn â'r neuadd fawr lle gellir gweld y ceffylau Lipizzaner yn perfformio i fiwsig Strauss. Gwelais hwy yn mynd drwy'u campau unwaith, ac yr oeddwn yn reit falch nad oedd y math hynny o ddifyrrwch yn apelio atoch chwithau, chwaith, ac na fyddai'n rhaid imi wastrafffu amser arnynt eto.

Aethom ein dwy heibio i'r Staatsarchiv yn bur aml, gan ei fod mewn man mor ganolog, yn rhan o'r adeilad lle roedd prif swyddfa'r canghellor. Er 1919 gelwid yr adeilad hwn yn *Bundeskanzleramt*, ond gynt pencadlys Ymerodraeth Awstria ydoedd, oddi ar ddyddiau Maria Theresa. Defnyddiwyd y gair *Ballhausplatz*, lle saif, gan ddiplomyddion i gyfleu barn yr ymerodraeth honno ar faterion tramor. Oddi yno y llywyddodd Metternich Gyngres Fienna (1814-15), a gynhaliwyd er mwyn gosod trefn newydd ar Ewrop wedi cwymp Napoleon. Ar yr olwg gyntaf edrychai'r adeilad hwn i mi yn union fel y gwelais ef gynt, heb ddim difrod rhyfel wedi ei wneud iddo – yr un adeilad solet, hardd, yn ymgnawdoliad digon chwaethus o Awdurdod. Yna sylwais ar absenoldeb y milwyr a fu mor amlwg yn ei warchod gynt. Wrth fynd i lawr ar hyd ei ochr, tuag at ei ddrws cefn, a roddai fynediad i'r Archifdy, ni welwn yr un milwr yn gwarchod fel cynt. Wrth gwrs yr oedd digon o reswm i warchod yr adeilad yn fy nghyfnod i, a'r Canghellor Dollfuss wedi ei ladd wrth ei waith yn ei swyddfa yno, dim ond ddwy flynedd ynghynt, yn 1934. Cynllwynwyr Nats-ïaidd a oedd am weld uno Awstria â'r Almaen oedd yn gyfrifol am y llofruddiaeth. Ac o'r un swyddfa yn yr un adeilad ymdrechodd ei olynydd, Schuschnigg, i gadw'r wlad yn annibynnol, gyda chefnogaeth gref yr eglwys Babyddol, er yn anffodus heb geisio, nes ei bod hi'n rhy hwyr, ennill cydweithrediad y Sosialwyr

Democrataidd i'w blaid genedlaethol, y Vaterländische Front. Cawsai'r Sosialwyr Democrataidd eu digio cyn hynny gan ymosodiadau chwyrn Dollfuss arnynt, ac yr oedd perthyn i'w plaid hwy, fel i'r blaid Natsïaidd, yn anghyfreithlon yn ystod fy nyddiau i gynt yn Fienna.

Ar ddrws cefn yr adeilad yr oedd plac yn cyhoeddi mai yno oedd yr Haus-Hof-und-Staatsarchiv (Archifdy'r Teulu [sef yr Habsburgiaid], y Llys a'r Wladwriaeth), ym mhen draw stryd gul, dawel gyferbyn ag eglwys ddigon plaen o'r tu allan, er nad anhynod, y Minoritenkirche, eglwys y Brodyr Llwydion Lleiafrifol. Mae gan yr eglwys hon dŵr a gollodd ei bigyn – yn ôl y gred boblogaidd, pan ymosododd y Tyrciaid ar y ddinas yn yr ail ganrif ar bymtheg, ond mae'n dŵr sydd yn dal i hawlio sylw o bell, yn fwy hynod efallai oherwydd ei siâp byrdew, heb na phigyn na chromen i'w gyfannu. Pan euthum i yno yn 1936 nid oedd y stryd mor dawel. Yr oedd milwr arfog ymhob pen iddi, a dau arall yn gwarchod y drws hanner agored i'r Archifdy. Pan fentrais drwyddo yn betrusgar am y tro cyntaf, ni'm rhwystrwyd ganddynt, ond dychrynwyd fi o weld bod milwyr y tu mewn hefyd ac y byddai'n rhaid imi gerdded rhwng dwy res ohonynt yn y cyntedd – a'r rheini a bidogau ar eu gynnau – cyn cyrraedd y grisiau marmor mawreddog. Yr oedd rhes o begiau i ddal cotiau y tu ôl i'r milwyr ar y chwith, ond roeddwn yn rhy ofnus i'w defnyddio, a synnais na ofynnwyd imi adael, na hyd yn oed agor fy nghes iddynt ei archwilio – esiampl o ddiofalwch cwbl nodweddiadol Awstriaidd!

Cymysgwch o'r gwych a'r gwachul oedd yr Archifdy mewn gwirionedd. Wedi dringo'r grisiau rhwysgfawr a arweiniai at goridorau llydan a ymestynnai i ryw bellteroedd diderfyn, yr oedd ystafell yr ymchwilwyr yn un bur siomedig. Un hirgul, gyda ffenestri hirion yn ei phen draw ydoedd. Roedd rhyw saith o fyrddau hir ar draws yr ystafell, a chadeiriau ar un ochr iddynt. O gwmpas y muriau llwyd yr oedd nifer o gaetsys wedi eu gwneud o wifrau, a chlo sylweddol ar bob un. Wrth ddrws yr ystafell yr oedd desg yr arolygwr, y tu ôl i hanner mur o wydr, a rhes o fachau ar un ochr iddo. Cefais ar ddeall y byddai un o'r blychau gwifrog hynny at fy ngwasanaeth i, a rhoddwyd imi'r allwedd a oedd yn cyfateb iddo, gyda'r rhybudd nad oeddwn i adael yr ystafell heb gloi yn y caets yr holl ddogfennau a oedd allan gen i; eu cloi, a hongian yr allwedd wrth ei briod fachyn ger y ddesg; hyn pe na bawn am fod yn fwy na munud neu ddwy allan o'r ystafell! Weithiau âi yn annymunol o boeth yn ystod prynhawniau haf, a'r haul yn taro muriau gwyn y Swyddfa Gartref gyferbyn, nes bron â'n dallu. Âi yn gwbl angenrheidiol i fynd allan am gegaid o wynt, ac i orffwys y llygaid drwy syllu ar wyrddlesni'r Volksgarten gerllaw am funud. Y demtasiwn wedyn oedd peidio â dychwelyd o gwbl, gan fod y geriach eisoes wedi eu clirio i ddiogelwch y caets! Ond o gofio nad oedd y swyddfa ar agor ond rhwng deg a phedwar o'r gloch, bu'n rhaid imi fy nisgyblu fy hunan rhag y demtasiwn hon wrth i'm cyfnod yno dynnu at ei derfyn.

Yr oedd defod arall gennyf i'w dysgu yn y lle hwnnw. Wedi ymgolli mewn rhyw ddogfen un bore (a chofiwch iddynt oll gael eu hysgrifennu allan yn llafurus â llaw gan glerc cyn dyddiau teipiadur, a hynny yn yr ysgrifen Gothig a ddefnyddid ar y pryd), gwelais

yn sydyn wrth edrych ar fy wats y byddwn yn hwyr
am fy nghinio yn fy llety, oni frysiwn. Wedi cloi'r cwbl
yn y caets, rhuthrais i lawr y grisiau a chanfod nid yn
unig fod y drws ynghau, ond bod dau o'r milwyr wedi
croesi eu gynnau ar ei draws! Credais fod Schuschnigg
wedi cael ei ladd fel Dollfuss gynt! Rhaid 'mod i wedi
dweud rhywbeth, er na thorrais air â'r milwyr cyn hyn.
Chwarddodd un ohonynt gan ateb mewn tafodiaith na
ddeallwn yn dda y pryd hwnnw, ond eglurodd milwr
arall mai dim ond newid goruchwyliaeth yr oeddynt;
gwnaent hynny yr amser yma bob dydd, ac ni châi neb
fynd i mewn nac allan o'r adeilad yn ystod yr amser
hwnnw. Byddai'n rhaid imi aros tan chwarter wedi un,
pan gaent hwy eu rhyddhau gan filwyr eraill. Felly,
dywedodd, cystal imi fwynhau'r bandiau yn y
cyfamser. Clywn ganu milwrol yn y pellter – yn wir,
roedd hynny'n un o'r rhesymau imi boeni am
Schuschnigg – a dywedodd un arall o'r milwyr wrthyf
am eistedd i lawr ar y fainc y tu ôl iddynt, wrth y
pegiau dillad, a'm gwneud fy hun yn gartrefol yn eu
plith! Ychwanegodd un arall enw'r alaw a chwareuid ar
y pryd, ei ffefryn. Cofiaf i'r dydd heddiw mai'r
'Deutschmeister Marsch' ydoedd, a chan i'r milwr
adrodd y geiriau imi, cofiaf rai o'r rheini hefyd:

*Ich bin vom K.und K. Infanterie Regiment
Hoch und Deutschmeister, numero Vier.*

Dyma gân, wrth gwrs, o gyfnod yr ymerodraeth. Y
diwrnod hwnnw diflannodd fy ofn o'r milwyr yn
gyfan gwbl, er y byddai rhai ohonynt yn hoffi peri imi
neidio weithiau, drwy dynnu eu sodlau at ei gilydd â

chlep wrth imi basio. Fi oedd yr unig ferch oedd yn astudio yno ar y pryd, a phan ddaeth bachgen o un o golegau Caergrawnt yno yn y man, ni chymerai'r milwyr unrhyw sylw ohono ef! Ond erbyn hynny roeddwn i wedi dod i adnabod y wynebau o dan yr hetiau dur, a gwybod p'run oedd Wili a Franz a Hans. Pan gyrhaeddais fy llety y diwrnod hwnnw yn llawn ymddiheuriadau, yr oeddynt wedi penderfynu fy mod wedi cael fy nenu i wylio'r seremoni feunyddiol ar yr Heldenplatz (Sgwâr y Gwroniaid), ac imi gael fy nghyfareddu gan y martsio i'r bandiau milwrol! Gofalais byth wedyn 'mod i allan mewn pryd, cyn i'r adeilad gael ei gloi am hanner awr wedi deuddeg. Ond weithiau fe gymerwn y ffordd ar draws yr Heldenplatz er mwyn gweld y perfformans, a chofiaf sylwi ar ambell hen ŵr yn sefyll yn unionsyth ar ochr y ffordd mewn arwydd o deyrngarwch i'r catrawdau a gofiai pan oedd ganddynt bwysicach dyletswydd na difyrru trigolion Fienna ac ambell deithiwr tramor.

23 Chwefror 1989

Wrth ailgydio yn y llythyr hwn, gwelaf imi anghofio sôn am y siom a gefais y diwrnod cyntaf hwnnw, ar ôl imi fentro rhwng y milwyr a chyrraedd yr ystafell ymchwil. Cyn cael mynediad i le mor hunanbwysig â'r Archifdy, yr oedd yn rhaid imi brofi 'mod i'n berson addas, ac wythnosau cyn gadael Llundain cefais wybod ganddynt fod tystiolaeth fy athrawon, yn Abertawe a Llundain, wedi eu hargyhoeddi o hynny. Pan euthum yno'r diwrnod cyntaf a'm cyflwyno fy hun i arolygwr yr ystafell ymchwil, yr oedd yr holl ddogfennau priodol wrth law gennyf. Ond ar ôl iddo gael gair ar y ffôn â rhywun anweledig, dywedodd wrthyf y byddai'n rhaid imi fynd i'r Llysgenhadaeth Brydeinig, a'u cael hwy i archwilio fy mhasport a chadarnhau mai fi oedd y person yr honnwn fod. Mynegodd y dyn bach ei ofid am y drafferth, ond gallai roi cyfeiriad y llysgenhadaeth imi. Atebais na fyddai angen hynny a minnau eisoes wedi darllen yn y Public Record Office yn Llundain adroddiadau ein llysgennad oddi yno i Mr Gladstone! Ond a dweud y gwir, roedd cael mynediad i'r lle aruchel hwnnw ar y Rennweg yn brofiad diddorol a dymunol i mi. Nid 'embassy' mohono mwy, ond 'legation', ac nid oedd y 'minister', Sir Walford Selby, gartref pan alwais, a'r 'third secretary' a'm gwelodd i, ond prin y medrai'r un llysgennad llawn adael gwell argraff ar groten ifanc o Gwm-twrch! Ar ôl edrych yn frysiog dros fy mhapurau, ffoniodd y Staatsarchiv ar unwaith, yn fy ngŵydd ac mewn Almaeneg perffaith; sicrhaodd fi wedyn, dros y cwpanaid lleiaf posibl o goffi, na chawn i ddim rhagor o drafferth ('nonsense' oedd ei air). Onide, gwyddwn lle i ddod, a gofyn am Mr Mack. Ond ni fu rhagor o'r 'nonsens' hwnnw, a phan ddychwelais i'r Archifdy, arweiniwyd fi yn syth at y *Direktor* ei hun, sef y Dr Bittner a drodd yn nes ymlaen i fod o blaid uno Awstria a'r Almaen. Y bore hwnnw roedd mwyaf *korrekt*, gan holi'n gynnes am yr Athro Seton-Watson, yr oedd wedi ei adnabod ers 1910, meddai. Holodd fi am faes fy ymchwil, gan fy sicrhau y cawn bob cymorth gan arolygwr yr ystafell ymchwil, a dywedodd fod un o'i staff, Dr Lasker, yn medru Saesneg. Yna canodd gloch fach arian er mwyn imi gael fy nhywys o'i ystafell, gan foesymgrymu i mi fel pe bawn i'n un o'r cyn-archddugesau Habsburg!

Ond wedi cyrraedd yn ôl i'r ystafell ddarllen, ac egluro wrth yr arolygwr 'mod i eisoes wedi trefnu i gael gweld papurau Swyddfa Dramor Awstria rhwng 1882-5, gan ddangos iddo gopi o'm llythyr o Lundain yn egluro hynny, dywedwyd wrthyf y cymerai bedwar diwrnod o leiaf i drefnu'r peth. Gan fethu â chredu, a thybio mai fy Almaeneg i oedd yn ddiffygiol, gofynnais am weld Dr Lasker, ond roedd Saesneg hwnnw'n fwy anodd i'w deall na'i Almaeneg! Fe'm sicrhaodd, serch hynny, y cawn i weld y papurau yn ddiffael, yn y man. Gwelwn hyn yn brawf pellach nad oedd yr Awstria newydd yn ddim gwahanol i'r hen, yn dal yn gymysgwch o ffurfioldeb a diofalwch. Prin, meddyliais, fod angen i haneswyr bendroni cymaint dros resymau eraill am gwymp yr ymerodraeth! Penderfynais ddefnyddio'r amser i fynd i Budapest am weddill yr wythnos, gan obeithio pan ddeuwn yn ôl y cawn ddechrau o ddifrif ar fy ngwaith. Ac ar ôl imi ddychwelyd o Hwngari yr oedd y papurau'n barod, ac fe gefais lawn fynediad i'r ystafell ymchwil gyda'i chaetsys a'r cloeon. Pe bawn am ddychwelyd yno i weithio eto, mi fyddai gair gan ein cyfaill yn Budapest yn siŵr o agor pob drws i mi. Ond aeth yn rhy hwyr i hynny, rwy'n ofni!

Ofnaf hefyd i hwn fynd yn rhy hir, a llawer ohono eisoes yn wybyddus i chi. Ond chi ddywedodd ba noson eich bod am gadw cownt nid yn unig o'n crwydriadau ni, ond hefyd o'u harwyddocâd i mi, ac yn sicr rydych yn haeddu'r eglurhad, ar ôl fy nilyn ar draws ac ar led y ddinas, liw dydd, liw nos, yn ddirwgnach!

Servus!
Marian

III

Aberystwyth
27 Chwefror 1989

Annwyl Julia,

Da gennyf glywed i chi fwynhau'r sylwadau ar fy ngwaith beunyddiol yn Fienna yn 1936, ond gwelaf eich bod yn dal i ryfeddu, fel y dywedsoch fwy nag unwaith tra oeddem yno, imi fentro yn hyderus i leoedd mor ddieithr yn fy ieuenctid! Wel, rhaid i chi gofio nad yn syth o Gwm-twrch na chwaith o Abertawe, yr es i yno. Yr oeddwn wedi treulio misoedd yn Llundain, gan ymgyfarwyddo yno â'r un math o waith, er yn Saesneg, yn y Public Record Office yn Chancery Lane. Am wn i nad oedd y lle hwnnw ganol gaeaf, gyda'r niwl trwchus a ddisgynnai dros Lundain yn y dyddiau hynny, wedi codi mwy o bryder ynof na dim a brofais yn Fienna ganol haf! Efallai oherwydd 'mod i'n bur gyfarwydd â gweithiau Dickens yr oedd rhai rhannau o Lundain yn codi arswyd arnaf yn 1935! Ond buan y diflannodd hynny, ac ymhell cyn imi gyrraedd Fienna yr oeddwn yn gwbl gartrefol a chysurus yn Llundain, yn newid trenau tanddaearol ganol nos heb feddwl 'mod i'n fentrus! Rhaid cydnabod hefyd mor gyfoethog yn ei amrywiaeth oedd bywyd Cymraeg Llundain yn y tridegau, gyda'r mewnlifiad mawr o bobl ifainc o'n hardaloedd diwydiannol. Gwyddem am gyfraniad cymdeithasau

Cymry Llundain i'r diwylliant Cymraeg yn y gorffennol, a'u bod yno o hyd. A gwyddem oll cyn gadael cartref am y capeli Cymraeg lle caem groeso, a chyfle i ddilyn patrwm cyfarwydd ein bywyd gartref. Ond fe'm synnwyd gan fwrlwm afieithus y bobl ifainc a'u mynychai, a hwyl eu cyfarfodydd diwylliadol. Yno y dysgais ein caneuon gwladgarol; prin roedd eu hangen arnaf yn y pentre gartref, a phawb yn siarad Cymraeg yno, ac er dysgu ambell bennill cyntaf ar gyfer Eisteddfod Gŵyl Dewi, yn Llundain y daethant yn eiriau byw imi. Hawdd felly oedd dod i deimlo'n gartrefol yn Llundain, a phrin yr ystyriem hi yn lle Seisnig o gwbl – yn bur wahanol i'm hymateb i Loegr wledig yn nes ymlaen. Bu'r profiad hwn o fyw'n gartrefol mewn prifddinas yn help imi ddeall natur bywyd yn Fienna yn y man. Yno sylwn ar Hwngariaid, Tsieciaid a Phwyliaid yn troi yn eu cylchoedd eu hunain gan gyfranogi o ddiwylliant eu gwledydd eu hunain, tra unieithent ar yr un pryd â bywyd ac ethos prifddinas Awstria.

Rwyf wedi sôn llawer am Seton-Watson wrthych, ond yr oedd arnaf lawn cymaint o ddyled i W.N. Medlicott – onid mwy – gan mai ef a roddodd fy nhraed ar y llwybr i fod yn hanesydd. Disgyblaeth lem oedd cyrraedd ei safon uchel ef mewn trylwyredd a manyldeb, ond yr oedd yn amyneddgar iawn. Ni wn i am yr un cyfarwyddwr ymchwil a roddai fwy o sylw ac amser i'w fyfyrwyr. Pan euthum i Lundain gyntaf i ddechrau ar fy nhraethawd M.A., aeth â mi o gwmpas y gwahanol adrannau o lyfrgell yr Amgueddfa Brydeinig a fyddai o bwys i mi, a'r un fath yn y P.R.O. Cyflwynodd fi hefyd i'w gydnabod yn yr Institute of

38

Historical Research (yr hen adeilad dros dro yn y dyddiau hynny, cyn symud i adeilad newydd y Brifysgol), a threfnodd i mi gael ymuno â seminar Seton-Watson yno. Cefais fy nhywys gan y Llundeiniwr hwn a'i wraig, Dr Coveney, i gornelau diddorol yr hen ddinas, a phan ddeuai ar ei hynt o Abertawe, âi â mi am bryd o fwyd i ni gael trafod fy 'narganfyddiadau diddorol' ym mhapurau'r Swyddfa Dramor. Ef aeth â mi gyntaf i gyfarfodydd y Royal Institute of International Affairs yn Chatham House, i wrando ar sylwedyddion blaenaf y dydd o amryw wlad a phlaid yn traethu, a hyn oll er gwaetha'r ffaith nad oeddem yn cytuno â'n gilydd o gwbl ar wleidyddiaeth gyfoes, nac ar wleidyddiaeth y cyfnod yr ymchwiliem ein dau iddo, chwaith! Profociai fi na ddylasai fod wedi fy nghyflwyno i Seton-Watson a G.P. Gooch i gadarnhau fy rhyddfrydiaeth, ond siawns y gwyddai nad oedd perygl imi golli dim o'm parch ato ef fel hanesydd a 'mentor'.

Pam, meddwch chi, imi sôn amdano ef yn y llythyr hwn? Wel, ef a awgrymodd y dylwn fynd i Fienna, yn bennaf i chwilio am oleuni ar y modd y dylanwadai Bismarck ar bolisi tramor Awstria yn ei pherthynas â gwledydd y Gorllewin yn yr wythdegau cynnar. Rhoddodd Medlicott syniad da imi o'r hyn y dylwn edrych allan amdano yno, a'r hyn, os âi fy amser yn brin, y gallwn ei adael naill ochr. (Rhyfeddodd wedyn glywed am fy helyntion yn y llysgenhadaeth; ni ddigwyddodd dim byd tebyg iddo ef erioed!) Felly, Julia, yr oedd yn *rhaid* imi fynd i Fienna er mwyn fy ngwaith, ac yr oedd hwnnw'n gymaint rhan ohonof erbyn hynny nes ei fod yn gwmni i mi ar y daith bell a dieithr, yn ogystal ag wrth ymgodymu â'r dasg, nid hawdd ar lawer adeg, tra oeddwn yno. Ond os mai'r Archifdy a roddai siâp i'm dyddiau, fy llety a roddodd imi'r ymdeimlad o ddiogelwch a chysur a wnaeth imi deimlo mor gartrefol yno. Felly dyna fydd prif destun y llythyr hwn!

Fe gofiwch y tŷ a fu'n gartref i mi y ddau dro y bûm i yn Fienna o'r blaen. Safai ar gornel y Rathausstrasse, o fewn terfynau'r dref fewnol, er ychydig y tu hwnt i'r Ringstrasse. Codwyd y stryd enwog honno gan Franz Joseph yn saithdegau'r ganrif ddiwethaf, wedi dymchwel hen amddiffynfeydd y dref i hyrwyddo twf y brifddinas, a hefyd i arddangos cynnydd, grym, a chelfyddyd yr ymerodraeth. Codwyd felly ar y Ring, gyfres o adeiladau cyhoeddus mawreddog, a'r *Rathaus* (neuadd y dref) Gothig yn eu plith. Ac o gwmpas y stryd enwog â'i choed a'i gerddi cain, codwyd adeiladau mawr i ddarparu cartrefi addas i'r swyddogion a'r gwŷr busnes a phroffesiynol a weithiai yn y sefydliadau newydd, a'r hen rai a symudwyd yno, y brifysgol, y prif lysoedd, y theatr, y tŷ opera, a'r banciau newydd. Yno y lleolwyd y senedd-dy mawreddog hefyd, a addurnwyd â cherfluniau o brif dduwiau Groeg, ond – fel yr hoffai'r trigolion bwysleisio'n watwarus – gadawyd Athene tu allan, yn lle'i rhoi y tu mewn i'r senedd i'w goleuo â doethineb!

Tai o'r cyfnod hwn, a rannwyd yn fflatiau sylweddol, oedd yn y Rathausstrasse, a chan fod rhif saith, lle y trigwn i, ar y gongl, yr oedd ffenestri fy ystafell yn edrych dros lesni'r sgwâr dawel dros y ffordd, a enwyd ar ôl pensaer y Rathaus. Edrychai'r stryd yr un fath o hyd ar ôl hanner canrif, heb fawr o newid yn ei chymeriad, er bod gwesty mawr yn ei chanol bellach (ond un digon chwaethus, a fedrai hawlio sawl seren, mae'n siŵr). Eithr siom fawr a gawsom pan fentrais o'r diwedd, wedi mynd heibio iddo lawer gwaith, ganu cloch rhif saith, a gofyn yn ddigon gwylaidd i'r porthor am fynediad – dim ond i'r cyntedd – imi gael gweld eto, a dangos i'm ffrind, y tŷ y bûm i'n byw ynddo cyn y rhyfel. Dywedais nad oeddwn am weld y fflat ar y llawr cyntaf, dim ond gweld eto'r grisiau mawr a arweiniai iddi. Ond fe gofiwch sut y caewyd y drws yn ein hwynebau, a hynny heb i'r gŵr yngan yr un gair wrthym; a mwy na hynny, tynnwyd gril mawr haearn i lawr dros y drws, teclyn na fodolai yno yn fy amser i. Fe gredech chi y dylem efallai fod wedi galw yn gynt yn y dydd, er nad oedd mor hwyr â hynny, yn enwedig i Fienna! Ond ni theimlais fel ceisio eto. Un digon sarrug oedd yr *Hausmeister* (y gofalwr) a adwaenwn i yno gynt, ond ni chwynodd hwnnw erioed wrth agor y drws mawr i mi wedi hanner nos, sef amser swyddogol ei gau, ond iddo gael 60 *Groschen* o gildwrn. Ni chefais i'r cyfle hyd yn oed i gynnig cildwrn i hwn! Tipyn o siom oedd cael fy ngwrthod mor anfoesgar lle gynt cawn gyfarchiad gwresog – gwasaidd, a dweud y gwir – *Küss die Hand* bob tro yr awn i mewn neu allan o'r adeilad. Byddwn wedi hoffi gwybod a oedd y cyntedd mawr yn dal i arogli o blaster, er bob amser wedi ei frwsio'n lân a chymen, a heb unrhyw arwydd o waith atgyweirio yn mynd ymlaen yno. Ac a oedd y gofalwr anghwrtais yn byw yn yr ystafelloedd ym mhen draw'r llawr gwaelod, lle'r arferwn weld gwraig y porthor gynt, yn ei *Dirndl*, a hances liwgar am ei phen, yn ymddangos yn sydyn i ffarwelio â mi neu i'm croesawu 'nôl? Ni chollai hi'r un symudiad i mewn nac allan o'r tŷ hwnnw.

Rhaid i chi fodloni felly ar fy nisgrifiad o'r fflat grandiaf y daeth i'm rhan i fyw ynddi erioed. Ar gymeradwyaeth Seton-Watson y derbyniwyd fi, fel amryw o'i fyfyrwyr o'm blaen, yn 'paying guest' gan Frau Rotter. Yr oedd y lleoliad, fel y gwyddoch, yn gyfleus iawn i'm gwaith: drwy'r Rathauspark, croesi'r Ring (nad oedd mor brysur y pryd hynny), ar draws y Volksgarten, at y gât wrth y Minoritenkirche, a dyna fi, gyferbyn â drws yr Archifdy a'i filwyr, gwaith llai na chwarter awr o gerdded cyfforddus. Ar ddiwedd y pnawn awn adref yn aml ar hyd y strydoedd oedd yn orlawn o hanes, a phan oedd hi'n boeth iawn, yr oedd hi'n demtasiwn i loetran yn y parciau hyfryd y brysiwn drwyddynt yn y bore.

Ar y dechrau fe'm harswydwyd braidd gan odidowgrwydd y fflat, a theimlwn yn swil yng nghwmni teulu a oedd i'm tyb i mor aristocrataidd. Ond buan y deuthum i ddeall mai perthyn i'r dosbarth canol uwch oeddynt, a bod eu cyfoeth yn perthyn i'r gorffennol. Cemegydd o fri oedd y diweddar Dr Rotter, fel y tystiai'r casgliad o fedalau, rhubanau a thystysgrifau – un ohonynt wedi ei llofnodi gan Franz Joseph ei hun – a arddangoswyd mewn cas gwydr yn yr ystafell a roddwyd at fy ngwasanaeth i. Ei lun ef hefyd, yn edrych yn hynod o debyg i'r Archddug Franz Ferdinand, a edrychai i lawr arnaf o ffrâm drom, addurnedig. Ond yr oedd yr archddug anffodus a lofruddiwyd yn 1914 wedi ei oroesi o ddwy flynedd, ac ar ôl imi ddod i adnabod Frau Rotter yn dda, dywedodd wrthyf fod ei byd hi wedi dymchwel adeg marwolaeth ei gŵr, ar ôl dim ond chwe blynedd o hapusrwydd priodasol perffaith. Ni fu dymchwel yr ymerodraeth na'r golled ariannol a'i dilynodd yn ddim mwy na rhyw atodiad i'r trychineb personol o golli ei phriod mor annisgwyl o niwmonia yn 1912. Gadawyd hi â'r mab a merch a oedd yn dal i fyw gyda hi. Roedd y ddau, Susi a Peter, y pryd hwnnw yn eu hugeiniau, yn clercio mewn swyddfa cwmni cemegau, heb wybodaeth na hyfforddiant arbennig eu tad. Pan fu ef farw, roedd yn eu meddiant ystad yn y wlad, yn Styria, *villa* yn Hietzing, y faestref ddymunol ger Schönbrunn, a'r fflat hon ynghanol y dref. Wedi cwymp Awstria, prynwyd y castell yn Styria gan Americanwr a ganiataodd i Frau Rotter gadw un o'r 'lodges' at ei gwasanaeth, a threuliai hi a'i pherthnasau wyliau yno nawr ac yn y man. Meddiannwyd y tŷ yn Hietzing gan gyngor Sosialaidd y ddinas, heb ei digolledu o gwbl, nes i oruchwyliaeth Schuschnigg adfer iddi gyfran o'r rhent.

Ar ôl y Rhyfel Mawr felly, y fflat honno yn y dref oedd eu hunig gartref. Yno fe gadwodd hi bethau yn union fel yr oeddent, yn rhannol oherwydd diffyg adnoddau i'w moderneiddio, mae'n siŵr, ond ni chredaf y byddai wedi dymuno eu newid chwaith. Yr oedd digon o le yno iddynt oll – wyth neu naw o ystafelloedd eang iawn, wedi eu haddurno a'u dodrefnu yn ffasiwn degawd cyntaf y ganrif. Braidd yn drymaidd y gwelwn i'r dodrefn *Biedermeier* ar y dechrau, ond deuthum i'w hoffi gydag amser. Sidan *moiré*, nid papur, oedd ar y muriau oll, gyda lliw gwahanol i bob ystafell, a'r gwaith coed i gyd yn wyn, gydag ymyl aur yn addurno'r drysau a'r ffenestri. Ymhell cyn imi erioed glywed am 'double glazing' yr oedd y ffenestri hyn i gyd yn ddwbl, gyda 'Jalousie', sef bleinds lats, rhyngddynt, i'w tynnu yn ôl y gofyn, i reoli tanbeidrwydd yr haul yn yr haf neu'r oerni yn y gaeaf. Ynghanol pob ystafell hongiai siandelïer grisial, yn pefrio boed yng ngolau haul neu drydan; amrywiai eu maint yn ôl yr ystafell, ond tywynnent oll fel diemwntau, ac yn y *Salon* a roddwyd dros dro at fy iws i, roedd y siandelïer godidocaf ohonynt oll, nad oedd yn llawer llai na'r rhai a welsom yn yr Opera. Gwyrdd tywyll oedd y sidan ar fy mur i, a *frieze* o *immortelles* ar gefndir ifori ar hyd ei ymyl.

Yn y gornel roedd stôf enfawr o deils gwyn, a sgroliau aur yn ei addurno yma a thraw. Yr oedd stôf debyg ymhob ystafell, ac er eu bod yn amrywio o ran lliw, yr oeddent oll yn fawr ac yn amlwg, ond gan na fûm i yno yn y gaeaf, ni fedraf dystio i'w heffeith-iolrwydd. Llenni mwslin gwyn a welais i ar bob ffenest, a dillad haf o liain gwyn a wisgai'r cadeiriau a'r soffas, ond cefais gip ar y *brocade* gwyrdd tywyll oddi tanynt, a chlywais mai o'r un defnydd oedd llenni gaeaf yr ystafell. Coch oedd y sidan ar waliau'r ystafell fwyta, a choch oedd deunydd y celfi a'r cyrtens yno, ond arian oedd lliw'r cwbl yn ystafelloedd Susi a'i mam. Eu hystafell pan oeddent yn blant oedd gan Peter, ac yno y dawnsiai o hyd ar ymyl y waliau melyn, res o eliffantod llwyd; mynnai ef fy sicrhau na welodd hwy erioed yn troi'n binc! Er bod gennyf le bach imi fy hun i ymolchi, y *Kabinett*, nid oedd yno gawod, a phan fyddwn am gael bath yr oedd gofyn rhoi oriau o rybudd ymlaen llaw. Pan arweiniwyd fi i'r ystafell faddon y tro cyntaf gan Mitzi, y forwyn (yr agosaf at 'lady's maid' a gefais erioed), ni welwn ar yr olwg gyntaf ond pwll nofio a stêm yn codi oddi arno. Lawn cystal 'mod i'n Fedyddreg, a ddim yn gwbl anghyfarwydd â disgyn ddau neu dri gris i lawr i'r dŵr! Ond cefais hi'n ddigon anodd sicrhau fod y tywel yn dal o fewn cyrraedd ac ar yr un pryd yn cadw'n sych!

Mewn cwpwrdd gwydr mawreddog yn f'ystafell i, arddangoswyd prif weithiau llenorion Ffrainc, Lloegr a'r Eidal, yn ogystal â'r Almaen ac Awstria, mewn lledr o wahanol liw, ond heb ddenu fawr o sylw i'w hunain heblaw am ddwster Mitzi, mi dybiwn. Enw'r ymadawedig oedd arnynt oll. Pan ofynnais a gawn edrych ar weithiau Lenau a Grillparzer, gorfoleddai'r teulu y caent sylw a pharch wedi hir esgeulustod! Fe'm gwahoddwyd wedyn i weld y casgliadau mwy personol ymhob ystafell. Manteisiais ar gasgliad Frau Rotter o weithiau Heine a Hofmannsthal (oll wedi eu rhwymo mewn swêd, gyda chyflwyniad cariadus ei gŵr ar y ddalen flaen). Cyfaddefaf, ar ôl diwrnod trwm o waith yn yr Archifdy, ac efallai awr neu ddwy ar ben hynny yn y Llyfrgell, yr oedd yn dda gennyf chwilio silffoedd Susi am rywbeth yn Saesneg, ac felly fe'm cyflwynwyd gyntaf i weithiau Dornford Yates, mewn awyrgylch nid amhriodol! Arferai Susi ymweld yn weddol gyson â theulu yn Virginia Water, yn ne Lloegr rywle – teulu cyfaill a chyd-weithiwr â'i thad rywdro – ac felly yr oedd Saesneg Susi'n rhugl a pherffaith. Nid felly Peter, er y deallai'r iaith yn iawn, ac ar ôl iddo ddod dros y swildod a guddiai â chwrteisi ffurfiol, deuthum i ddeall a gwerthfawrogi ei hiwmor slei. Ymgymerodd â'r dasg o ddysgu i mi ymadroddion tafodieithol Fienna, fel y gallwn 'ddeall Mitzi, a'r wraig sy'n gwerthu stampiau i chi yn y Tabak Trafik rownd y gornel', meddai, gan gyfeirio at y ciosg lle gwerthid tobaco, stampiau, tocynnau tram a phapurau newydd. Ond gwnaeth lawer mwy na hyn, gan ddysgu imi brif nodweddion yr ynganiad Awstriaidd o'r Almaeneg. Dringo mynyddoedd oedd prif ddiléit Peter, a phob penwythnos diflannai i'r Tirol neu'r Dolomitau.

Nid oedd y fflat yn nodedig am ei darluniau. Dim ond yr un o'r ymadawedig oedd yn f'ystafell i, ynghyd â delw pen-ac-ysgwydd ohono ef – neu o rywun tebyg iddo – mewn marmor, ar bedestal rhwng y ddwy ffenest hir. Yn yr 'ystafell dderbyn', yn arwain yn syth o'r cyntedd, ac na ddefnyddid i unrhyw bwrpas arall, yr oedd darlun enfawr gan Makart, o flodau a gweirach a phlu paun a ffesant, nad oedd i'm chwaeth i o gwbl, er ei fod, mae'n siŵr, *à la mode* ar ddechrau'r ganrif. Gwell o lawer gen i oedd y gyfres, yn yr ystafell fwyta, o dri o ddarluniau mewn olew o bentrefwyr gwledig yn eu mwynhau eu hunain ar ryw ŵyl; gallaf gofio'r ceiliogod rheini heddiw! Ar hyd y coridorau yr oedd astudiaethau o flodau yn null yr Iseldiroedd, y cyfan yn llawer gwell na'r Makart, i'm tyb i. Yr oedd pob bwrdd a silff yn ystafell Frau R. ei hun yn gorlifo o luniau teuluol sepia mewn fframiau arian, ac ar y mur hongiai darlun olew o'r castell yn Styria, ac un llai, mewn gwyn a du, o'r tŷ yn Hietzing. Prif drysor Susi oedd ysgythriad o Hampton Court, i'w hatgoffa, mae'n debyg, am wyliau yn Lloegr. Ac mae'n bosib mai er mwyn tynnu sylw oddi ar yr eliffantod yr oedd ystafell Peter yn llawn lluniau o fynyddoedd a chreigiau – ar wahân i un wal gyfan heb ddim arni ond poster mawr o un o ferched euraidd Gustav Klimt. 'So decadent!' oedd sylw ei fam bob tro y cofiai am y peth, gan ychwanegu'n ddiffael, 'And he reads nothing but Schnitzler!'

Nid mewn llyfrau na gweithiau celf oedd gwir ddiddordeb y teulu hwn, ond yn hytrach mewn cerddoriaeth. Synnais mai yn yr ystafell fwyta ac nid yn y *Salon* oedd y Bösendorfer mawr, nes dangoswyd i mi mor hawdd oedd troi'r ddwy ystafell yn un drwy blygu'r panelau a'u rhannai yn ôl. Y piano cyngerdd hwn, meddyliais, yw prif graig y teulu, gan fod pob un ohonynt yn medru ei ganu â *panache*. Yr oedd yn gelficyn hardd ynddo'i hun, heb sôn am odid-owgrwydd y swn a ddeuai ohono. Credaf mai Peter oedd yr un a wnâi'r cyfiawnder mwyaf ag ef; yn sicr ef a'i prisiai fwyaf, efallai am nad oedd ganddo offeryn arall at ei wasanaeth. Yr oedd gan Susi lais da, a byddai wrthi byth a beunydd yn ceisio efelychu dull Lotte Lehmann o ganu *Lieder*, ei hwyl yn amrywio rhwng diflastod llwyr â hi ei hun am syrthio mor fyr, a gorfoledd o glywed rhyw gampwaith gan ei heilun ar Radio Wien, neu o Salzburg, lle roedd Toscanini wedi codi eu calonnau oll drwy arwain yr Ŵyl fawr yno ar ôl gwrthod ymddangos o gwbl yn yr Almaen Natsïaidd.

Ryw noson ar ôl gorffen ein hwyrbryd, fe ddeuthum i wybod am wir drysor cerddorol gwerth-fawrocaf y teulu. Roedd Peter eisoes wedi troi at y piano pan ddaeth ei fam yn ôl atom a ffidil yn ei llaw, a dechreuodd Susi guro'i dwylo. Wedi ymgynghori â'i mab wrth y piano, dechreuodd y ddau chwarae – rhai o ganeuon gwerin Fienna i ddechrau, ac wedyn

Schubert, Haydn, a Mozart. Eisteddodd Peter yn llonydd wrth y piano yn y man, ac ni wn am faint o amser y buom yn gwrando arni hi, ond gwn inni oll gael ein cludo i ryw uchelfannau ac i ryw ddyfnderoedd a'n gadawodd yn fud. Fel arfer y 'tomboy', Susi, a ddaeth â ni 'nôl i realiti, drwy guro'i dwylo a gweiddi 'Bravo Melanie!' Cofiaf fel yr anwylodd Frau R. ei ffidil wrth ei rhoi yn ôl yn ei chas y noson honno, gan ddweud mai dyna'r peth a garai fwyaf yn y byd, nesaf at ei phlant. Anrheg oddi wrth ei thad ydoedd, i ddathlu ei llwyddiant arbennig wrth orffen ei hyfforddiant yn y Conservatoire ym Mharis. Offeryn Eidalaidd o'r ail ganrif ar bymtheg ydoedd; nid Stradivarius, ond un ei feistr, Amati. Yr oedd yn dda na wyddai neb ohonom bryd hynny beth fyddai tynged y trysor hwn yn y man.

Dim ond y cyntaf o lawer o nosweithiau tebyg oedd honno, ac fel y gellwch ddychmygu, bu'n addysg i mi. Pan ddeallodd hi 'mod i'n wir awyddus i glywed am ei gyrfa ac i wybod mwy am fiwsig yn gyffredinol, a gweithiau cyfansoddwyr mawr Fienna yn arbennig, rhoddodd lawer o'i hamser i'm goleuo, gan droi at y piano i egluro; ac yna gyda'r nos deuai'r fiolín allan i ehangu fy ngwybodaeth a'm profiad. Pan sylwodd ar fy adwaith i'w chyflwyniad o *Adagietto* Mahler – y tro cyntaf erioed imi glywed y darn (sy bellach mor boblogaidd wedi'r ffilm *Death in Venice*) – dywedodd wrthyf dyn bach mor anodd y gallai Mahler fod, er nad oedd hynny'n esgusodi'r modd y triniwyd ef gan yr Opera! Er syndod mawr i mi, pnawn drannoeth pan adewais yr Archifdy, gwelwn Frau R. yn eistedd yn y Volksgarten, yn amlwg yn disgwyl amdanaf. Eglurodd

sut y bu'n meddwl dros ei sylwadau mên am Mahler y
noson cynt, a theimlai mai'r peth lleiaf y dylai ei
wneud oedd mynd â mi i weld ei fedd yn Grinzing –
y pnawn hwnnw, os oedd yn gyfleus i mi. Ac wrth
gwrs felly y bu, a does dim rhyfedd 'mod i'n fwy hoff
o Mahler nag yw'r rhan fwyaf o'm ffrindiau!

Nid yn gwbl ddiduedd chwaith y cyflwynwyd imi
weithiau Richard Strauss a Hugo Wolf, gwŷr anodd
oll, ym marn Frau R., er iddi hi a Susi rhyngddynt
wneud llawn gyfiawnder â'u caneuon hwy. Ond nid
oedd am sôn o gwbl am Schoenberg a'i gymheiriaid, ac
nid oedd ganddi lawer o feddwl o Bruckner chwaith.
Haydn, Mozart a Schubert oedd ei gwir ffefrynnau,
gyda Schubert yn anwylyn, tra gwirionai Susi ar
Beethoven, gan fy ngosod innau ar yr un llwybr. Braint
annisgwyl ond amhrisiadwy oedd hyn oll i mi, ac fe'm
cysurwn fy hun ar ambell bnawn dilewyrch yn yr
Archifdy, pa mor ddibwys bynnag y byddai'r manylion
y llwyddwn i'w cloddio yno cyn y diwedd, byddai'r
fenter wedi bod yn werth y draul a'r gost, am iddi fod
yn addysg i mi yng ngwir ystyr y gair.

Nid ar y tir uchel yn unig yr arhosem bob amser yn
nhŷ Frau R. Nid anghofiwyd Johann Strauss chwaith,
na holl ganu brogarol Fienna, caneuon yr *Heurige*. Yn
wir aeth Peter â mi i *Heurige* yn Sievering unwaith,
ond yng ngolau dydd, ryw bnawn Sul pan na fedrodd
drefnu i ddringo fel arfer, a chan gredu ei fod yn
gwneud cymwynas â mi drwy fy ngwaredu rhag
'cwmni hen wragedd'. Ond weithiai byddai'r 'hen
wragedd' yn cyfarfod i wylio operettas yn yr awyr
agored yn y Burg Garten, fel *Wiener Blut* neu *Gräfin
Maritza*. Aethom unwaith yn un dyrfa fawr i'r

Volksoper (Tŷ Opera'r Werin) i fwynhau *Fledermaus* hefyd; ond yng nghwmni Frau R. ei hun, ac yn weddus fy ngwisg, yr aem i gyngherddau yn ystafell ysblennydd y Musikverein. Cofiaf ddangos yr adeilad hwnnw i chi o'r gerddi o flaen y Karlskirche, yr eglwys â'r pileri fel minaretau, lle'r eisteddem mor aml i gymryd hoe fach ar ôl ein crwydriadau, cyn wynebu croesi'r Ring wrth yr Opera a throi gyda'i ochr i lawr y Kärntnerstrasse 'nôl i'n gwesty, i orffwys ychydig cyn mynd allan eto i chwilio am swper mewn rhyw *Beisl* - neu dafarn – weddol rad! A ddaw hyn â phethau yn ôl i chi, tybed, fel y dônt i mi wrth ysgrifennu amdanynt?

A sôn am yr Opera, pan agorodd y tymor drachefn yn yr hydref, rhaid oedd imi fynd yno hefyd. Gan fod gan Susi *Abonnement*, sef rhyw fath o drefniant tocyn tymor, gyda hi yr euthum yno, gan brynu tocyn i sedd rad, y tu ôl i biler, a hithau'n mynnu newid sedd â mi hanner amser. Felly y cefais y fraint fythgofiadwy o weld Toscanini yn arwain *Fidelio* gyda Lotte Lehmann yn canu'r brif ran, yr unig berfformiad yn Fienna ganddo ef y flwyddyn honno ar ôl gorffen yn Salzburg. Ond fe'i gwelais y flwyddyn ddilynol yn arwain *Zauberflöte*, a Lehmann ac Elisabeth Schumann gyda'i gilydd yn hwnnw. Peter benderfynodd bod yn rhaid i'w chwaer fynd â mi i weld *Aïda* hefyd, gan fod fy nhraethawd yn ymwneud â'r Aifft a Chamlas Suez! Yr arweinydd y noson honno oedd Felix Weingartner, a Patzak oedd y tenor, ond ni chredaf i'r merched gyrraedd rhyw enwogrwydd mawr wedyn.

Profais yn nhŷ Frau R. hefyd wleddoedd breision yn llythrennol. Yn ogystal â Mitzi, y forwyn, yr oedd yno hefyd gogyddes, Betty, na welais i lawer ohoni ond y gallaf dystio i'w medr! Ar y dechrau, waeth imi gyfaddef, yr oedd y bwyd yn ddieithr, a hyd yn oed enwau'r llysiau a'r ffrwythau yn wahanol i'r hyn a ddysgais yn y coleg. Ond hawdd oedd eu cofio, dim ond imi nodi eu tarddiad yn hen diroedd yr ymerodraeth, felly *Kukuruz* (india-corn), *Marillen* (bricyll), *Paradeis* (tomato), *Fiesolen* (ffa Ffrengig), *Palatschinken* (crempogau), a chofio mai *Erdäpfel* (afalau'r tir) oedd tatw, fel yn Ffrangeg. Cefais hi'n fwy anodd dod yn gyfarwydd â bwyta hadau carwe ym mhob peth, ond gwnes fy ngorau i ddod i ben â hwy, a hefyd â garlleg, a'r hufen sur, rhag tristáu fy lletywraig, a'm cyhuddodd unwaith ar y dechrau'n deg o fod 'So mistrustful of my vegetables!' Cyn diwedd f'arhosiad roeddwn wedi anghofio'n llwyr pa mor ddieithr yr ymddangosai dail gwinwydd, neu paprica, wedi eu stwffio imi unwaith, ac es adref â llyfr yn llawn o ryseitiau fy ngwahanol ffrindiau! Gwn nad oes angen i mi eich atgoffa am yr *Apfelstrudel* a *Sachertorte* bendigedig, ond a ddywedais wrthych, tybed, i Peter fy herio ryw noson i gystadlu ag ef (a hynny ar ôl platiad mawr o stecen borc mewn hufen, a thatw wedi'u ffrïo) i weld pwy allai fwyta'r nifer mwyaf o'r *Marillen Knödel*, sef twmplins bricyll! Ef, wrth gwrs, a orfu, gan sgorio 17, tra diffygiais innau wedi'r nawfed! O ailgofio'r prydau bwyd gwych, a'r gwasanaeth a roddwyd i mi gan Mitzi, mae'n anodd gennyf gredu i Frau Rotter wneud llawer, os rhywfaint o gwbl, o elw ariannol o'm harhosiad ar ei haelwyd.

Yn ei thrigeiniau cynnar oedd hi y pryd hwnnw. Gwraig fer, heb fod yn rhy denau na'n rhy dew, ac yn ei chario'i hun yn dda. Ond ei hwyneb a hoeliai'r sylw

– yr wyneb tristaf a welais erioed. A dyna a fynn ddod i'r cof pan glywaf ei henw, er imi ei gweld yn llawen yn aml, a chofiaf ei chwerthiniad bach, fel cloch arian. Ond buan y dychwelai'r olwg ddwys i'r llygaid mawr tywyll, ac felly y cofiaf ei gweld mewn cwmni, pa mor dderbyniol bynnag ganddi'r ffrindiau o'i chwmpas. Ni fedraf ddweud i sicrwydd sut olau oedd yn ei llygaid pan ganai'r ffidil, er y cofiaf yn dda sut y safai, a'r modd y symudai ei llaw a'i braich, ond wedi gorffen, difrifwch swil a'i nodweddai.

Gwisgai'n blaen, mewn du fel arfer, gyda rhyw gyffyrddiad o les, neu froetsh i'w ysgafnhau. Unwaith y gwelais res o berlau am ei gwddf, a sylweddolais nad rhai cyffredin mohonynt; roedd hynny pan ddaeth ei brawd o'r Swistir i'w nôl hi i fynd i ginio i'r Hotel Sacher cyn rhyw gyngerdd yn y Musikverein. Y noson honno hefyd rhoddodd gribau â gemau arnynt yng ngwynder y gwallt syth, a oedd, er ei drin mewn dull henffasiwn, yn ffrâm berffaith i'r wyneb llwyd â'r llygaid mawr tywyll. Eto ni chefais hi, ar ôl y dyddiau cyntaf, yn ddynes bell. Medrai Saesneg gweddol, er yn frith o eiriau Ffrangeg, ond roedd yn well ganddi imi siarad Almaeneg â hi. Ni phetrusai fy nghywiro, gan gymryd cryn drafferth i'm gwneud i'n fwy cyfarwydd â'r ymadroddion lleol, er mai Almaeneg clasurol a siaredid ar yr aelwyd honno, teilwng o'r Burgtheater (prif theatr Fienna) gerllaw (lle y bûm ond unwaith, i weld *St. Joan* Bernard Shaw gyda hi – mewn cyfieithiad, wrth gwrs). Byddai wrth ei bodd pan ddeuwn adref o'm gwaith yn galw am help, wedi fy llorio gan ambell air anodd mewn *Schrift*, yr ysgrifen Gothig, yn y llawysgrifau – sylw brysiog gan y

Frau Melanie Rotter

gweinidog tramor ar ymyl rhyw lythyr, er enghraifft, a ddangosai ei feddwl yn gliriach, hwyrach, na'r ateb swyddogol a ddanfonwyd yn ei enw. Byddwn yn ceisio copïo'r llythrennau aneglur mor agos gywir â phosib, a'u rhoi o flaen Frau R. i'w dehongli. Fel rheol deuai'r cwbl yn glir. Ond methai â deall pam y gwastraffwn amser ar ddyn di-liw fel Kálnoky, pan fyddai ei ragflaenydd, Andrássy, gymaint mwy diddorol, yn chwyldroadwr a gododd i fod yn weinidog tramor yr ymerodraeth, ac, fe fynnai rhai, yn ffrind mawr i'r ymerodres!

Gan i'w phlant fynd i ffwrdd dros y Suliau yn aml, fe ddaethom ni'n dwy i'n hadnabod ein gilydd yn o dda. Âi â mi ar brynhawniau Sul i gwrdd â pherthnasau a ffrindiau mewn tai coffi neu yn un o'r parciau, a llonnais drwof o glywed – er na fwriadwyd hynny – fy nisgrifio fel un *sympathisch*, a 'ddim fel Saesnes o gwbl'! Felly yr enillais i deulu newydd – Tante Karoline, yr hynaf, a'i merch Malvine (a gefais innau yn hynod o *sympathisch*), Karla ei chwaer yng nghyfraith, a oedd yn fwy smart a siarp ei thafod na'r lleill, a'r anwylaf ohonynt oll, Tante Rosa, a ddaeth yn hoffusach yn fy ngolwg na rhai o'm gwir fodrybedd gartref yng Nghymru! Y rhain oedd 'hen wragedd' Peter! Yn gyfforddus eu byd, yn weddwon neu'n ferched i fancwyr amlwg, oll heblaw 'die Karla' yn gwisgo'n weddus yn hytrach na'n ffasiynol, er mor dda y defnyddiau, fel pe na baent am dynnu sylw neb atynt.

Dylaswn fod wedi casglu oddi wrth hyn, ac yn wir o'u pryd a'u gwedd, mai Iddewon oeddynt, ond ni ddaeth hynny i'm meddwl. Ymddangosent i mi mor gwbl nodweddiadol o drigolion Fienna ymhob ffordd, yn troi mewn cylchoedd 'cyfforddus' (a oedd unrhyw un yn gyfoethog yn Fienna'r dyddiau hynny?), deallus, diwylliedig. Yr oedd gennyf lawer i'w ddysgu eto am haenau cymdeithas y ddinas honno, a'r gwahaniaethau a oroesai o hyd rhwng yr *haute juiverie* (y bonedd Iddewig), a'r gwir fonedd, yn ogystal â'u perthynas hwy ag Iddewon eraill y ddinas. Yr oeddwn wedi bod yn byw yn y ddinas am gryn amser cyn imi gael gwybod mai Iddewon oeddynt. Cymerodd Frau R. yn ganiataol imi glywed hyn gan Seton-Watson, ond gan na fyddai hynny o bwys iddo ef, nac, fe wyddai, i minnau, tebyg na feddyliodd sôn am y peth. Ryw noson ym mis Medi fe'm cefais fy hun, er fy syndod, yn bwyta fy hwyrbryd ar fy mhen fy hun am y tro cyntaf erioed, heb i neb fod wedi sôn cynt am gyngerdd neu barti. Pan holais Mitzi ymhle'r oedd pawb, synnai na wyddwn i mai dyma'r un noson yn y flwyddyn yr aent yn un teulu mawr i'r deml. Doedden nhw ddim yn rhai selog, ychwanegodd, ac ni chadwent at y rheolau bwyd, ac ati. Fe wyddwn innau ei bod yn ddechrau blwyddyn newydd i'r Iddewon, am na fyddwn yn gweld rhai o'm ffrindiau eraill dros yr ŵyl, ond nid oeddwn wedi cysylltu'r 'boneddigion' hyn, yr unig rai o'm cydnabod yn Fienna a hiraethai am yr Habsburgiaid, â'r ffydd a'r genedl honno!

Bellach daeth llawer o bethau'n glir i mi, megis pam y rhuthrodd Susi fi adref ar frys y noson honno yn ôl ym mis Gorffennaf, pan wyliem y fflam o Olympia yn cael ei throsglwyddo i redwr arall ar ei ffordd i'r chwaraeon a gynhelid yn Berlin y flwyddyn honno, achlysur y bwriadai'r Natsïaid wneud yn fawr ohono. Roeddem wedi mynd i weld y seremoni ar y Ring, i wrando ar Starhemberg, y gweinidog tramor, yn rhoi'r cyfarchion ar ran llywodraeth Awstria. Pan aflon-yddwyd arno gan Natsïaid, a oedd yn blaid waharddedig oddi ar lofruddiaeth Dollfuss, rhuthrodd yr heddlu ymlaen – ar droed rhyngom ni wylwyr, ac ar geffylau o amgylch y dorf. Bu hyn yn ddigon i Susi fy nghipio i adref gyda hi yn ddigon diseremoni, a phan holais hi onid oedd yn gorymateb, dywedodd nad dyna'r lle i rywun fel hi. Wrth gwrs credai hi 'mod i'n gwybod mai Iddewes ydoedd, tra synnais i ei bod hi o bawb wedi cynhyrfu cymaint. Ymhen rhai dyddiau wedi'r digwyddiad hwn cefais alwad ffôn o Gwmtwrch – fy rhieni'n holi a oedd popeth yn dawel acw. Yr oedd y *Western Mail* wedi manylu ar ymyrraeth y Natsïaid ar araith Starhemberg, a chan iddynt sôn i'r terfysg gychwyn wrth y Rathaus roedd yn naturiol i'm rhieni boeni amdanaf. Tebyg y byddwn innau wedi gwybod mwy am yr helynt pe bawn gartref nag oeddwn yn y fan a'r lle, a'r papurau newydd oll o dan sensoriaeth!

Beth ddaeth o'r teulu hwn, fe ofynnwch, yn 1938, pan enillodd y Natsïaid y fuddugoliaeth drwy ymyrraeth Hitler? Rhaid fod Dr Rotter yn gemegydd o wir fri, oherwydd daeth Susi i Lundain heb i neb ohonom orfod ceisio am ganiatâd na swydd iddi. Cafodd le ym mhrif swyddfa I.C.I. yn Llundain, pan oedd merched o ffoaduriaid yn cael eu derbyn yn unig i weini fel morynion. Cyn bo hir llwyddodd hithau i gael lle i'w brawd fel cyfrifydd yn un o siopau mawr Llundain, ac er mawr syndod i bawb, daeth â gwraig gydag ef! Profodd hynny o fantais fawr iddo ef a'r teulu, gan ei bod hi, Liesl, yn wniadwraig ddeheuig iawn a fedrodd wneud bywoliaeth dda o'i chartref. Ychydig fisoedd eto, ac yr oedd yn bosib i Susi a Peter fodloni awdurdodau'r wlad hon y gallent hwy gynnal eu mam. Daeth Frau R. allan ym mis Gorffennaf 1939, wedi gadael yr allwedd yn nrws y fflat, a chan ddod gyda hi dim ond hynny a fedrai ei gario. Llwyddodd i guddio rhai gemau gwerthfawr ar ei pherson, ond yr oedd eisoes wedi gorfod ffarwelio â'i thrysor mwyaf, sef ei fiolín. Cymerwyd honno oddi arni fel rhan o'i dyled hi, fel Iddewes, am weithred y llencyn hwnnw o Iddew a laddodd ddiplomydd Almaenig ym Mharis yn hydref 1938.

Bu fyw gyda Susi, yn ennill ychydig drwy werthu eu gwaith llaw (*petit point*) i siopau mawr Llundain pan nad oedd pethau lliwgar i'w cael yma adeg y rhyfel. Gwelais hi a'i theulu'n aml yn ystod y blynyddoedd hynny. Yn union wedi diwedd y rhyfel clywsant oddi wrth Mitzi. Pan ddaeth yr awdurdodau Natsïaidd i glirio'r fflat ar ymadawiad Frau Rotter, hawliodd Mitzi gyfran o'r eiddo. Oni bu'n rhaid iddi hi ymostwng i weini ar y *dreck-Juden* (Iddewon budr)? Gofynnodd am y piano; roedd ganddi blentyn cerddorol, meddai. Fe'i cafodd, ac wrth gwrs roedd eisoes wedi symud llawer i drysor llai. Mor fuan â phosib wedi diwedd y rhyfel, hysbysodd hi Susi fod y pethau hyn yn saff, ond na fedrai hi drefnu eu danfon iddynt. Synnwn i ddim nad I.C.I. a ddaeth i'r adwy eto, ond gallaf eich sicrhau, Julia, mor dda gennyf oedd weld yr hen Bösendorfer unwaith eto, a chael pryd o fwyd oddi ar y llestri cyfarwydd (cynnyrch hen waith porslen Fienna) gyda'u patrwm traddodiadol o flodau mân lliwgar. Yn bwysicach fyth, cafodd Frau Rotter fyw i weld Monica, merch Peter, yn tyfu i ennill lle mewn ysgol ramadeg yn Llundain. Ond daeth diwedd y rhyfel â chadarnhad o'r hyn y disgwyliem ei glywed am dynged eu perthnasau a'u ffrindiau. Ysgubwyd Tante Karoline, Malvine, a'm hannwyl Tante Rosa, ar ddechrau'r rhyfel i wersyll Theresienstadt lle darfu'r hanes amdanynt. O'r cwmni a arferai gwrdd ar y pnawniau Sul hynny, dim ond Karla a ddihangodd. Yr oedd ganddi hi fab yn Nairobi, a gallodd ffoi ato cyn i'r rhyfel ddechrau. Diflannodd hefyd y cyfnitherod o Bratislava a Budapest a welais i'n dod ar eu tro i'r Rathausstrasse. Bu farw'r brawd yn y Swistir o waeledd naturiol, cyn gwybod i'w chwaer lwyddo i adael Fienna. Wrth imi sgrifennu, deuant oll yn fyw o flaen fy llygaid, ond maent wedi mynd i gyd erbyn hyn, ar wahân i ferch Peter, ac ni chlywais oddi wrthi hithau ar ôl iddi fy hysbysu o farwolaeth ei modryb Susi.

Aeth hwn yn rhy hir, mi ofnaf, ond gellwch gymryd eich amser i'w ddarllen! Ceisiaf fod yn fyrrach y tro nesaf – oni chawsoch ddigon yn barod!

Hwyl,
Marian

58

IV

Aberystwyth
20 Mawrth 1989

Annwyl Julia,

A chithau'n cael amser i dreulio fy llythyr diwethaf, bûm i'n rhoi trefn ar fy nodiadau ar Bismarck wedi 1871, yn y gobaith y daw'r cyfle i gyhoeddi'r ail gyfrol o *Hanes Ewrop*, fel y gofynnwyd imi wneud cyn y newid yn ffurf yr arholiadau a'r cwtogi ariannol ar addysg. Wrth feddwl am Bismarck, yr oedd yn naturiol imi roi sylw i'w brif gynghrair, Ymerodraeth Awstria-Hwngari yn nydd Franz Joseph, ond buan y cefais fy meddwl yn crwydro i'n gwyliau, a beth mwy naturiol wedyn na dechrau llythyr arall atoch chi?

Ni welsom ni yn Fienna ond olion o'r mawredd a fu, ond roedd ei stamp yno o hyd, yn yr Hofburg, Belvedere, Schönbrunn, a'r holl adeiladau cyhoeddus, ac yn arbennig yr amgueddfeydd a'r orielau gyda'u casgliadau dihafal. Ac allan yn y wlad hefyd, ar yr amryw abatai, er enghraifft, a'r mwyaf nodedig ohonynt oll yn fy marn i oedd Melk, pen draw ein taith ar y cwch drwy'r Wachau. O'r trên yn unig y gwelais ef o'r blaen, ac mae'n dal i oruchwylio, o'i binacl ar y graig uchel, bob symudiad ar y rheilffordd honno, fel ar afon Donaw ers canrifoedd. Wedi dringo i fyny a mynd i mewn i'r abaty, gwelsom nad oedd dydd ei ddefnyddioldeb drosodd, ac nad amgueddfa mohono chwaith. Nis cyfyngir ef i offeiriaid a selogion yr eglwys a'u noddwyr, bellach, ond fe'i defnyddir yn ganolfan addysg i gylch ehangach, heb sôn am y twristiaid a ddenir o ben draw'r byd i weld a rhyfeddu at y trysor o lyfrau a llawysgrifau a gedwir yno, yn ogystal â'r campweithiau pensaernïol a chelfyddydol arbennig. Fe gofiwch, mae'n siŵr, fel finnau, am y llu o ymwelwyr o dde-ddwyrain Asia a gyd-deithiai â ni, pob un â'i gamera drudfawr ac offer cymhleth-effeithiol eraill na ddeallem ni ddim amdanynt!

Ym mhalasau'r teulu ymerodrol yn Fienna, cofiaf i chi deimlo rhyw drueni drostynt ar brydiau wrth fynd o un ystafell fawreddog i'r llall, yn gweld gwrthrychau – henffasiwn bellach – yn gysylltiedig â'u bywyd personol, yn cael eu harddangos i'r byd. Dyna lestri ymolchi yr ymerodres dlos Elisabeth, na allai ffeindio llonyddwch ond ar gefn ceffyl, neu mewn crwydro'n ddibaid, nes iddi syrthio'n annisgwyl i gyllell anarchydd yng Ngenefa yn 1898. Ac yn Schönbrunn, roedd y gwely sengl haearn – gwely milwr – y bu Franz Joseph farw arno, nid yn unig yn brawf o symlrwydd cymeriad yr ymerawdwr a wnaeth 'cyflawni ei ddyletswydd' yn brif reol ei fywyd, ond hefyd yn dangos mor debyg yw angenrheidiau pob dyn pan ddaw i'r diwedd.

A sôn am y mawredd a fu, dyna yn llythrennol a'n hwynebai ni i lawr yng nghladdgell y teulu ymerodrol (y Kapuzinergruft) o dan eglwys y mynachod Capswin. Dyna'r trydydd tro imi fod yn y lle *macabre* hwnnw, a'r ddau dro blaenorol ni welais i ddim newidiadau yno ymhlith eirch – amrywiol eu ffurf a'u chwaeth – yr Habsburgiaid coronog o'r ail ganrif ar

60

bymtheg ymlaen. Ac ni ddisgwyliais weld llawer o newid yno'r tro hwn chwaith, er imi wybod na welir yno mwy arch y Dug Reichstadt, sef mab Napoleon a'i ail wraig, yr archdduges Habsburg, Marie Louise. Wedi cwymp Napoleon, magwyd ef (a alwyd gan Ffrancwyr 'l'Aiglon', 'yr eryr bach') yn llys ei dad-cu, yr Ymerawdwr Franz I, yn Fienna, ac yno y bu farw yn un ar hugain oed yn 1832, pan roddwyd ei gorff i orwedd yn y gladdgell gyda thylwyth ei fam. Ond erbyn hyn fe'i gwelir yn yr Invalides ym Mharis, yn gorwedd yn ymyl ei dad, fel 'Napoleon yr Ail'. Cytunodd Hitler i'w roi yn ôl i'r Ffrainc ddarostyngedig ar gais Pétain, a chredid ar y pryd y câi Awstria olion Marie Antoinette yn gyfnewid, ond yr un gofeb goffa iddi hi â chynt a welais i'r tro hwn eto yn y Kapuzinergruft. Hwyrach i'w chorff gael ei ddifa'n llwyr gan y calch brwd a ddefnyddiodd y Chwyldroadwyr Ffrengig a'i dienyddiodd hi, ac er clywed fod ei chalon, fel calonnau'r holl Habsburgiaid sydd i lawr yn y gell, ynghadw mewn costrel arian yn yr Augustinerkirche, eglwys eu priodasau, nid aethom ar ôl y rheini pan fuom yn yr eglwys hardd honno. (Cofiaf yn glir i chi ddweud yno inni gael digon ar 'olion marwol' am y tro, ac i ni frysio i'r *Konditorei* agosaf am deisen a choffi!)

Ond i barhau â'm sylwadau ar y gladdgell ymerodrol, yr oedd yr Archddug Franz Ferdinand, yr aer a lofruddiwyd yn 1914, wedi gwrthod ei le yn y gell honno ymlaen llaw, am y gwyddai na châi ei wraig orwedd yno gydag ef, gan nad oedd ei thras, er yn fonheddig, yn ddigon aruchel i'w priodas gael ei chydnabod gan y llys ymerodrol. Yn 1937 bûm yn gweld eu bedd hwy yn Artstetten, pentref bychan yn nyffryn Donaw, a'r castell yno yn un o'u hoff gartrefi. Nid oedd y pryd hwnnw unrhyw gyfeiriad at yr etifedd hwn yn y Kapuzinergruft, ond y tro hwn gwelwn blac coffa marmor iddo, ac enwau'r ddau arno, a'i gymar yn cael ei disgrifio fel 'Duges Hohenberg, ei wraig', gan nodi iddynt gael eu llofruddio gyda'i gilydd yn Sarajevo.

Ychwanegiad pwysig arall yno oedd cofeb i'r Ymerawdwr Karl, sef ymerawdwr olaf Awstria, a gladdwyd ym Madeira, lle bu farw yn alltud yn 1922. Nid oedd unrhyw gyfeiriad ato yntau yn y gell yn Awstria weriniaethol y tridegau. Ni fynnwyd chwaith gynhyrfu'r 'gwladwriaethau olynol', sef y cenhedloedd a dorrodd yn rhydd o'r ymerodraeth yn 1919. Ond erbyn hyn gwelir yno gerflun marmor o Karl, yn ei lawn faint ac mewn gwisg milwr, ac wrth ei draed gwelsom ffiol wydr yn llawn o fioledau ffres, arwydd bendant nad yw'n beryglus sôn am yr Habsburgiaid yn Fienna bellach – efallai am nad ydynt yn fygythiad i'r drefn erbyn hyn. Ond mae rhai, mae'n amlwg, am eu cofio a'u hanrhydeddu. Tybiais mai gweddw Karl, yr Ymerodres Zita, oedd yn gyfrifol am y fioledau, gan ei bod hi'n hanu o Parma, lle enwog am fioledau – ond dyfalu'n unig wyf fi, wrth gwrs! Mae Zita'n dal yn fyw★, yn y Swistir rywle, er mewn gwth o oedran. Ei mab, Otto, yw'r aer swyddogol, ond credaf iddo ef hen fodloni ar ei rôl fel aelod o Senedd Ewrop yn Strasbourg.

Darllenais yn ddiweddar mai yn 1960 y gwnaethpwyd yr ychwanegiadau hyn i'r gladdgell, rhan o'r dasg o ailsefydlu Awstria yn wlad annibynnol eto, drwy bwysleisio'i hunaniaeth arbennig ar ôl cyfnod o gael ei darostwng i fod yn ddim mwy na rhan o ymerodraeth Hitler, ac wedyn cyfnod o fod o dan cyf-feddiant y Cynghreiriad buddugol. Darfu'r drefn honno yn 1955, ac yr oedd y ffordd yn glir i'r weriniaeth newydd ddatblygu'n rhydd – ond fel gwlad niwtral, gan geisio osgoi'r ffaeleddau y methwyd eu goresgyn rhwng 1919 a 1938. Hyd yn hyn rhennir y ddwy blaid fawr – plaid y bobl, y Volkspartei, sef yr un a gefnogir gan y Catholigion, a phlaid y Sosialwyr Democrataidd – mor gyfartal nes y bu'n rhaid ymfodloni ar lywodraeth glymblaid, lle mae gan y pleidiau llai gynrychiolaeth ynddi hefyd. Mae'r gefnogaeth i'r Dde eithafol wedi bod yn tyfu yn ddiweddar, ond erys y ddwy blaid fawr yn bur gyfartal o hyd.

Cofiaf synnu ar f'ymweliad cyntaf â'r gladdgell, bod arch y Tywysog Corønog Rudolf, aer Franz Joseph yno, gan imi dybio na châi un a gyflawnodd hunanladdiad y fath anrhydedd gan awdurdodau Pabyddol, ond mae'n amlwg bod safle'r tad fel 'Ei Fawrhydi Apostolaidd', a phrif gefnogwr y Pab mewn oes o newid cyflym, yn hollbwysig. Felly derbyniwyd bod cyflwr ansefydlog meddwl Rudolf yn ei ryddhau o gyfrifoldeb am y drosedd.

Wrth sôn am Melk gynnau, bu yn fy mryd eich atgoffa hefyd am ein prynhawn yn Heiligenkreuz, abaty pur wahanol ynghanol dolydd gwyrdd y Wienerwald. Er bod ychwanegiadau helaeth wedi'u gwneud iddo ar hyd y canrifoedd, wrth edrych ar y rhan Gothig hynafol, hoffaf feddwl mai rhywbeth yn debyg oedd abatai Sistersaidd Cymru yn y Canol

Oesoedd, ond derbyniodd hwn nodded cyson ar hyd y canrifoedd, nes ei fod yn werth i'w weld y tu fewn a'r tu allan. Eto synnwn i ddim nad yw llawer o'r twristiaid sy'n ymweld ag ef heddiw, yno i raddau helaeth oherwydd ei gysylltiad â thrasiedi Mayerling, lle saethodd y tywysog coronog ei gariad, Marie von Vetsera, ac yna'i hunan, yn 1889. Ac er i Rudolf ddymuno cael ei gladdu gyda'i gariad, hi yn unig a gafodd ei chladdu, a hynny'n gwbl ddiseremoni, ym mynwent Heiligenkreuz. Bu'r stori hon yn sail i lawer nofel, drama a ffilm, a chofiaf imi addo rhoi 'crynodeb hanesyddol gywir' i chi wedi ein hymweliad â'r lle. Felly dyma fentro arni, heb honni bod hyn yn fwy na'r ddamcaniaeth ddiweddaraf ar y mater, ac nid yw'n amhosibl y gwelwn ddogfennau eraill yn cael eu rhyddhau eto rywbryd.

Rhyw dri deg un oed oedd Rudolf, unig fab Franz Joseph ac Elisabeth, pan roddodd derfyn ar ei fywyd yn oriau mân 30 Ionawr 1889. Yr oedd yn ŵr ifanc deallus, wedi ei addysgu'n drylwyr, ac wedi dangos yn gynnar ei allu, a'i wir ddiddordeb ymhob agwedd ar wybodaeth am y byd modern. Meddai ar ddeallusrwydd artistig yn ogystal, ac efallai i'w ddoniau a'i ddychymyg byw ei gwneud hi'n fwy anodd iddo ddygymod ag anawsterau cyffredin aer i'r goron, un heb ddyletswyddau boddhaol i lenwi'i amser. Ac yn amgylchiadau llys Awstria yr oedd y cyfyngiadau arno yn haearnaidd. Yr oedd problemau dyrys mewnol ac allanol yr ymerodraeth yn amlwg iawn i'r aer effro, ymchwilgar hwn, ac yr oedd ganddo syniadau am yr hyn y gellid ac y dylid ei wneud. Ynghlwm wrth ei rwystredigaeth, teimlai euogrwydd yn gymysg â

64

pharch at ei dad, a dim ond yn ei yrfa yn y fyddin y teimlodd iddo lwyddo i'w blesio. Chwiliodd am gwmni a chysur y tu allan i'r llys, a'u cael ymhlith deallusion y dosbarth canol, a chyn bo hir daeth yr aer i'r orsedd yn obaith gwyn yr adain ddemocrataidd, sefyllfa a gythruddodd ei dad awtocratig.

Teithiodd Rudolf y byd, a chyhoeddodd ddau lyfr taith sylweddol a roddodd iddo hunanhyder ymysg dysgedigion Fienna. Daeth yn gyfaill agored i Moritz Szeps, golygydd y *Neues Wiener Tagblatt*, papur newydd a gychwynnwyd i gystadlu â'r *Neue Freie Presse* am gefnogaeth y dosbarth canol i ddiwygiadau rhydd-frydol, ar adeg pan oedd y prif weinidog, Iarll Taaffe, yn ymffrwyno i gadw pethau'n sefydlog. Cyfrannodd Rudolf sawl erthygl i'r papur hwnnw yn ddienw. Gwaethygodd ei sefyllfa pan drefnwyd iddo briodi Stefanie, merch Leopold II, brenin Belg a'r Congo. Nid yn unig yr oedd hi'n ifanc a dibrofiad, ond credwyd yn gyffredinol ei bod hi braidd yn dwp. Ar ôl iddi eni merch, dywedwyd wrthi na fedrai gael rhagor o blant, felly daeth y briodas i ben i bob pwrpas, a chynyddai'r storïau am anturiaethau carwriaethol y tywysog.

Yr oedd ei ymroddiad i'w ddyletswyddau yn y fyddin yn rhoi cyfle iddo ddianc o'r llys heb gythruddo'i dad, ond byddent yn anghydweld ynghylch bron pob mater arall. Yr oedd Rudolf yn casáu Prwsia ac am i Awstria glosio at Brydain a Ffrainc, tra glynai ei dad wrth y cytundeb â'r Almaen a luniwyd gan Bismarck. Ac yr oedd gan Rudolf ymlynwyr ymhlith gwleidyddion Hwngari hefyd, rhai ohonynt am weld ei goroni'n frenin yno cyn i'w dad farw. Mae'n anodd credu na chlywodd Franz Joseph sibrydion am hyn, yn ogystal ag am gais aflwyddiannus Rudolf, yn haf 1888, ar i'r Pab ddiddymu ei briodas â Stefanie; ac yn sicr fe wyddai am y cysylltiad â Marie Vetsera. Mynn rhai i hyn oll arwain at gerydd gan yr ymerawdwr yn y dyddiau cyn y drasiedi ym Mayerling, ond gan i bob dogfen yn ymwneud â Rudolf gael ei symud o'r Staatsarchiv ar orchymyn yr ymerawdwr wedi'r helynt, ni ellir ei brofi.

'Beth am Marie Vetsera druan?' clywaf chi'n holi! Wel, does dim amheuaeth nad oedd hi gymaint mewn cariad â Rudolf nes bodloni i'w gais iddynt farw gyda'i gilydd, ond nid yw'n hawdd credu mai cariad tuag ati hi oedd ei brif gymhelliad ef dros ddiweddu eu bywydau, drwy ei saethu hi gyntaf, ac yna ei saethu'i hun. Mae'n siŵr ei fod yn reit hoff ohoni, a hithau'n beth digon del, ond cyn belled ag yr oedd rheswm yn rhan o'r drasiedi o gwbl, yr oedd gwleid-yddiaeth yn bwysicach na merched i'r tywysog coronog. Yr oedd eisoes wedi gofyn i un arall o'i gariadon ddod gydag ef i Mayerling i'r un perwyl, er mwyn iddo gael cwmni ar ei siwrne o'r byd, ond yr oedd honno'n hŷn ac yn gallach na'r Marie Vetsera 17 oed, a oedd dros ei phen a'i chlustiau mewn cariad â'r tywysog golygus, ac ond newydd ddod dros berthynas ramantus ac anhapus â swyddog o Sais ym myddin yr Aifft. Elfen bwysig arall yn y stori yw etifeddiaeth genetig Rudolf ar ochr ei fam, sef y gorffwylledd a nodweddai deulu brenhinol Wittelsbach o Bafaria. Yr oedd Elisabeth ei hun yn niwrotig, a sawl un o'i chwiorydd hefyd, heb sôn am eu cefnder, y Brenin Ludwig, noddwr Wagner, a'i boddodd ei hun yn un o'r llynnoedd a greodd i harddu un o'r nifer mawr o gestyll a godasai yn Bafaria. Yr oedd ychydig o straen yn ddigon i wthio'r teulu dawnus hwn dros y dibyn. Cafodd Rudolf druan fwy na'i siâr o straen, ac yn ei nerfusrwydd cynhenid crefai am gwmni ar ei daith olaf.

Nid yw Mayerling yn union fel yr ydoedd pan arferai Rudolf ei ddefnyddio fel canolfan i hela gyda'i ffrindiau, a phan y'i defnyddiodd y noson honno ar gyfer y saethu olaf. Ar orchymyn Franz Joseph, dinistriwyd yn llwyr y rhan a ddefnyddiwyd gan y pâr, a chodwyd cwfaint ac eglwys ar y fan er mwyn i leianod weddïo yno'n ddibaid am orffwystra i enaid Rudolf. Rhaid dweud na ddeliodd yr ymerawdwr a'i lys yn rasol o gwbl â theulu'r gariadferch. Gellir dadlau iddynt fod mewn sioc, ond ffolineb o'r mwyaf oedd credu y medrent guddio pethau am byth drwy drefnu claddu Vetsera ar unwaith, ymhell o Fienna, yn Heiligenkreuz, cyn i gorff Rudolf gyrraedd yr Hofburg. Yr oedd wedi cyrraedd y gladdgell cyn i'r papurau newydd sôn am yr ail gorff ym Mayerling. Aeth wythnosau heibio cyn i fam Marie gael caniatâd i sefyll wrth fedd ei merch, ond erbyn hynny yr oedd papurau newydd y byd ar y trywydd, a beiwyd y fam am ledu'r stori.

Pwy ynteu oedd ei theulu? Yn ddiddorol iawn i mi, ymhlith y papurau yr ymchwiliwn iddynt yn Fienna yn 1936, yr oedd adroddiadau Baron von Vetsera o Cairo i'w feistr, y gweinidog tramor yn Fienna, ar hynt ymchwiliad gan gynrychiolwyr y Pwerau Mawr i sefyllfa ariannol yr Aifft yn 1884. Yr oedd ei thad felly yn aelod o wasanaeth diplomyddol Ymerodraeth Awstria-Hwngari, ac o dras bonheddig Hwngaraidd.

Bu ei deulu fyw gydag ef yn Cairo nes iddo farw yn 1887, pan ddychwelasant i fyw i Fienna, yn y Salesianergasse, ynghanol tai llysgenhadon mewn ardal foethus. Yr oedd y fam, Baronin Helene Vetsera, yn dipyn o gymeriad, yn hanu o deulu Baltazzi, bancwyr cyfoethog Groegaidd o Smyrna. Yr oedd nifer o'r teulu hwn yn byw yn Fienna, a'i brodyr hi'n amlwg nid yn unig ym myd busnes ond hefyd fel cefnogwyr chwaraeon y dydd, yn arbennig rasio ceffylau. Ni pherthynent i gylch uchaf y llys, ond roedd iddynt le amlwg iawn yng nghymdeithas ffasiynol Fienna.

Pan ddarganfuwyd y cyrff ym Mayerling a hysbysu swyddogion y llys, torrwyd y newydd yn gyntaf i'r ymerodres, a hi a ddywedodd wrth ei gŵr. Wedi'r panig cyntaf, derbyniodd Franz Joseph air y meddyg mai hunanladdiad ydoedd, ond ni fedrodd fyth gydnabod yn gyhoeddus bresenoldeb y ferch yno, llai byth iddi gael ei llofruddio. Taaffe, y prif weinidog, a Krauss, pennaeth yr heddlu, a benderfynodd beth i'w wneud a threfnu'r cyfan. Danfonwyd dau ewythr Mary (felly yr hoffai gael ei galw – dylanwad troi mewn cylchoedd Saesneg yn Cairo, efallai) i gasglu'r corff ganol nos, i'w gladdu yn Heiligenkreuz. Trwy gyfrwng y papurau newydd daeth yn hysbys yn y man sut y bu'n rhaid iddynt wisgo corff eu nith a'i ddal i fyny rhyngddynt mewn cerbyd caeedig ar y daith i'r abaty, lle saernïwyd arch arw iddi ar frys. Fe'i rhoddwyd i orffwys mewn congl o'r fynwent ddiarffordd, wedi iddynt gael anhawster mawr i dorri'r bedd gan fod y ddaear wedi rhewi'n galed. Yn y man caniatawyd i'w theulu osod carreg a chroes ar y bedd, ond ni sonnir dim arni am amgylchiadau ei marwolaeth, dim ond nodi ei henw, dyddiad ei geni, a'i marw, ac adnod o Lyfr Job, 'Fel blodeuyn y daw allan, ac y torrir ymaith.' Ac yno y bu nes, fe ddywedir, i filwyr Natsïaidd aflonyddu ar y bedd ar ddiwedd y rhyfel diwethaf pan ddaeth gwisg werdd i'r golwg, ond fawr ddim arall. Yna tacluswyd y bedd drachefn a gosodwyd y garreg yn ôl.

Lledodd pob math o storïau drwy Fienna mewn ymgais i gyfrif am y drasiedi ym Mayerling, ond ni chafwyd dim goleuni swyddogol. Ni fradychodd neb o ffrindiau Rudolf ei gyfrinachau, ddim ei gyfeillion aristocrataidd oedd ym Mayerling yn hela y dyddiau hynny, na newyddiadurwyr y *Tagblatt*, na'r Hwngariaid y bu'n trafod â hwy, nac, yn bwysicaf oll, y gweision a fyddai gydag ef bob amser, fel Loschek ei *valet*, a Bratfisch ei yrrwr, a wyddai fwy na neb am holl droeon ei yrfa bersonol. Dim ond yn ein dyddiau ni y daeth adroddiad swyddogol yr heddlu ar y mater i glawr, a hynny ar ddamwain, pan ffeindiwyd ef yn Berlin yn 1955, yn amlwg wedi ei symud o'r Staatsarchiv ar ôl 1938. Cyhoeddwyd hwn 'in facsimile' gan lywodraeth Awstria yn 1955. Yn 1938 hefyd, yn wyneb goresgyniad y Natsïaid, penderfynodd ŵyr yr hen Taaffe, wrth ffoi o Bohemia, drosglwyddo i ofal y Pab y papurau a roddodd Franz Joseph i'w daid, y prif weinidog a drystiai, ac a aeth ar ei lw na wnâi ef, na dim un o'i ddisgynyddion, fyth eu cyhoeddi. Y maent bellach yn ddiogel yn y Fatican, ac ni cheir eu gweld tan ryw ddyddiad anhysbys yn y dyfodol.

Ar y cyfan, cynyddu wnaeth parch y bobl at yr ymerawdwr ar ôl Mayerling, oherwydd ei ddewrder yn cario ymlaen fel arfer. Ond am na wyddai ef beth arall i'w wneud, ni fu'r drasiedi'n wers iddo. Yn wir, ailadroddodd yr un camsyniadau wrth ddelio â'r aer newydd, Franz Ferdinand, gan ei gadw yntau led braich, heb roi iddo ddyletswyddau arbennig, a heb ddangos dim ymddiriedaeth ynddo na gofyn am ei farn. Gwir na feddai hwnnw allu meddyliol na dengarwch personoliaeth ei gefnder Rudolf, ond yr oedd yntau'n effro iawn i broblemau'r ymerodraeth ac yn sylweddoli y dylid mynd i'r afael â hwy, ond ni fynnai'r hen ymerawdwr eu trafod gydag ef na neb arall. Wedi dod i rym yn ifanc iawn ynghanol cyfnod chwyldroadau mawr 1848, ceisiodd Franz Joseph gadw pethau fel yr oeddynt rhag dyfod gwaeth. Bu'n rhaid iddo dderbyn cyfnewidiadau a cholledion mawr i'w ymerodraeth, ond wynebodd y rheini â'r un stoiciaeth ag yn achos ei brofedigaethau personol niferus, sef colli ei frawd Maximilian, Ymerawdwr Mecsico, yn 1867, yna Rudolf, Elisabeth, a Franz Ferdinand. Bu yntau farw pan oedd cwrs y Rhyfel Mawr yn amlwg wedi troi yn erbyn Awstria. Cysur yw meddwl iddo allu ymlacio gydag un ffrind, Katherina Schratt, actores yn y Burgtheater, ffrind yr ymerodres yn y lle cyntaf, a ofynnodd iddi fod yn ffrind i'w gŵr yn ystod ei habsenoldeb aml hi o'i chartref. Gwnaeth hynny, a bu'r ddau yn ffrindiau clòs – a dim mwy na hynny – am flynyddoedd. Yr oedd y ddau'n awyddus iawn i gadw eu henw da, a deallent ei gilydd i'r dim.

Wel, Julia, aeth y llythyr yn faith eto! Addawaf fy mod wedi gorffen trafod bellach y ffigurau hanesyddol amlwg a'r bobl fawr. Dychwelaf, os caf, at y cymeriadau mwy gwerinol y soniais wrthych amdanynt. Rwyf wedi eu gosod nhw yn y ffrâm briodol, o leiaf, oherwydd yr oedd y digwyddiadau y soniais amdanynt yma yn rhan o'u hetifeddiaeth a'u hymwybyddiaeth hwythau hefyd. Ond dim gair am sbel nawr! Yn hytrach, beth am ddod i aros yma am rai dyddiau cyn bo hir?

Cofion, fel arfer,
Marian

*Er pan ysgrifennais y llythyr hwn darllenais i'r Ymerodres Zita farw ar 14 Mawrth 1989 yn y Swistir yn 96 oed. Caniataodd llywodraeth Awstria iddi gael ei chladdu fel yr ymerodres olaf, yng nghladdgell yr Habsburgiaid yn Fienna, braint nad estynnwyd i'w phriod Karl yn 1922. Dychwelodd aelodau'r teulu hefyd i Fienna i'w hangladd. Y mae hyn yn ategu'r newid y sylwais arno eisoes i lawr yn y gladdgell, a'r parodrwydd i gydnabod bod i Awstria ei hanes unigryw ei hun.

Dilynwyd y ddefod draddodiadol wrth geisio mynediad i'r gell. Pan gurwyd ar ei ddrws caeedig, holodd mynach o'r tu mewn pwy a ofynnai am fynediad. Pan ddywedwyd 'Yr Ymerodres Zita', 'Nid adwaen i hi' oedd yr ateb, a phan ychwanegwyd yr holl deitlau a feddai unwaith, yr un oedd yr ymateb, a'r drws yn dal ar gau. Dim ond wedi derbyn, ar y trydydd ymgais, yr ateb 'Truan yn erfyn am ras Duw', atebwyd, 'Yna deuer i mewn.' Ac agorwyd y drws iddi.

M.

V

Annwyl Julia,

Gwn mai gweddill, neu yn hytrach ddechrau, stori'r Fischers y disgwyliwch ei gael gennyf nesaf, ond am ryw reswm, stori'r sedd honno yn y Rathauspark sy'n mynnu fy sylw heno; fel pe bawn i eisoes wedi achub hanes y Fischers rhag mynd i ddifancoll, tra na fydd neb yn gwybod dim am Felix oni sgrifennaf fi rywbeth amdano. Efallai i chithau anghofio ei enw erbyn hyn. Doedd yno ddim bedd i ni chwilio amdano, ond yr oedd y sedd yn y Rathauspark yn dal i fod lle gynt y gwelwn ef yn eistedd weithiau, pan ddychwelwn ar ôl cinio at waith y pnawn yn yr Archifdy. Bues i'n osgoi'r sedd nes i chithau ddod i wybod eich ffordd o gwmpas yn ddigon da i sylwi 'mod i'n ymgadw rhag croesi'r parc hwnnw, a holi, 'Diar, Marian, fasa hi ddim yn gynt i ni dorri ar draws y parc bach del yna, na rowndio o'i gwmpas?'

Wrth gwrs roeddech chi'n iawn, ac fe gofiwch i mi fynd â chi yn ôl drwyddo, a dangos i chi'r sedd – yr ail o'r Rathaus, neu'r drydedd o'r Ringstrasse – ac inni eistedd yno tra adroddais beth o'i hanes i chi, yno lle yr arferai ef eistedd, ar ôl bwyta ei damaid – o fara rhyg, salami a *Salzgurken* fwy na thebyg – cyn y deuwn i heibio.

Pan ddigwyddodd hyn gyntaf, ar ddamwain, yr oeddwn eisoes yn bur gyfarwydd ag ef, wedi ei gyfarfod droeon gyda'r nos, gyda'i wraig, Thekla, a'i chwaer hi, Ella, yn y Café Schottentor. Cwrddem yno am goffi a sgwrs ryw ddwywaith yr wythnos. Yr oeddwn wedi dod i'w hadnabod drwy Paul, brawd y chwiorydd, yn Llundain. Dysgai ef Saesneg gyda'r un gŵr ag a roddai wersi Almaeneg i mi, a gofynnodd Paul i'w chwiorydd ofalu amdanaf tra byddwn yn Fienna.

Gwelwn Felix yn debyg i gannoedd o ddynion ifainc a frithai strydoedd Fienna'r adeg honno; rhyw fân-swyddogion, debygwn i, a llawer ohonynt – os nad y mwyafrif – yn ddi-waith, eu gwisg yn daclus er yn denau. Cariai pob un *Mappe* lledr, sef 'briefcase', yn arwydd nad i'r dosbarth gweithiol y perthynent. Pan bryfociais Felix am hyn, gan ddweud mai dim ond ei fwyd a gariai yn ei *Mappe*, fe'i hagorodd imi gael gweld. Syllais ar dwr o bapurau, gyda llu o ffigurau a dyluniadau ar bapur graff, pob un a mesuriadau manwl arnynt. Pan holais ef beth a olygent, atebodd yn ei Saesneg prin, 'I am inventor; with many good ideas, but no money.'

Pan grybwyllais imi sylwi ar lawer o weithfeydd peirianyddol bychain allan yn y maestrefi, ysgydwodd ei ben a dweud, 'But I am also a Jew.'

Eglurodd imi yn ei iaith ei hun iddo wneud yn eitha da yn yr arholiadau yn y Coleg Technegol Uwch, ond na dderbynnid Iddewon i brentisiaeth 'slawer dydd, a phrin iawn oedd y posibilrwydd o gael gwaith mewn swyddfa.

'Ond beth am yr holl fusnesau Iddewig?' holais.

'Gormod o rai tebyg imi yn cynnig am le yno. A chyn hir, ymhle fyddan nhw i gyd, y perchnogion yn ogystal â'u gweithwyr?' Yr oedd Felix yn gwbl argyhoeddedig fod yr *Anschluss* yn anochel. Wrth fy ngweld i'n tristáu, newidiodd ei dôn, a dweud yn chwareus fod 'y sefyllfa er yn anobeithiol, ddim yn ddifrifol!' gan ddyfynnu hen ddywediad yr arferai'r Awstriaid ymfalchïo ynddo fel prawf o'r gwahaniaeth agwedd oedd rhyngddynt hwy a'r Almaenwyr, a welai bob sefyllfa 'yn ddifrifol er nad yn anobeithiol'!

Roeddwn i wrth fy modd yn treulio rhyw bum i ddeng munud o hoe gydag ef fel hyn, cyn wynebu ar oriau o graffu dyfal ar ddogfennau'r Archifdy, ac mae'n debyg y croesawai yntau'r toriad ar ei oriau hir di-waith cyn y deuai Thekla adref. Yr oedd ganddi hi swydd prynwr dillad i un o siopau mawr Fienna. Yn ogystal â'i hyfforddiant yn y grefft o lunio a gwneud dillad merched, medrai Eidaleg, Ffrangeg a Saesneg yn rhugl, a theithiai yn aml i'r Swistir a'r Eidal, ac weithiau i Baris, fel rhan o'i gwaith. Nid oedd hi'n anodd deall felly, pam yr ysgydwai ei rhieni eu pennau'n ofidus pan gyfeiriai rhywun at Felix. 'He is not a good provider for my sister,' dywedodd Paul wrthyf amdano pan ddychwelais i Lundain yn llawn hanesion am ei deulu, gan ychwanegu, 'He is also too light-hearted.'

Yr oedd Thekla wedi mynnu ei briodi, mae'n debyg, yn groes i ewyllys ei theulu. Prin y cytunwn i â dyfarniad Paul am ei gymeriad. Gwyddai Felix fwy am y sefyllfa ryngwladol na bron neb arall a gyfarfûm yn Fienna yn y dyddiau hynny, gan gynnwys fy nghydnabod yn yr Archifdy a'r Llyfrgell. Onid oedd ganddo ddigon o amser i ddarllen papurau newydd o bob gwlad yn y tai coffi? Ceid papurau newydd ynddynt – megis mewn llyfrgell – lle y gallai hyd yn oed y cwsmer un cwpanaid o goffi eu darllen yn rhad ac am ddim. Gorfoleddwn yn ffraethinebau Felix, heb ddeall yn llawn ar y pryd gymaint o ymdrech ydoedd iddo'i amddiffyn ei hun rhag anobaith llwyr, ac efallai feirniadaeth hefyd. Ond yn awr daw ei lygaid mawr duon yn fyw i'm cof, a gwelaf ynddynt yn gliriach nag ar y pryd, ddyfnder yr ing a'r gri am ymwared.

Ni chredaf i Thekla erioed edifaru ei briodi. Byddai'n ddiamynedd ag ef weithiau, pan oedd hi wedi blino ar ddiwedd ei diwrnod gwaith ac am fynd adref, ac yntau am aros yn hwy yn y tŷ coffi i wylio'r byd yn mynd heibio ac i ymarfer ei damaid Saesneg gyda fi. Ond pan ddeuai nos Wener âi'r ddau, fel pe baent ar eu mis mêl, yn syth i Klosterneuburg, ar lan afon Donaw, lle roedd ganddynt gaban pren (ymhlith ugeiniau o rai cyffelyb), i ymlacio yno tan nos Sul. Bûm i yno gyda nhw fwy nag unwaith, ond gan fod y gwybed yn talu llawer mwy o sylw i'm croen goleuach i nag iddynt hwy, yr oedd yn well gen i dreulio'r Sul yn fy llety crand gyda Frau Rotter.

Ni'm gwahoddwyd i fflat Thekla a Felix erioed, er nad oedd ymhell iawn o'r Rathausstrasse yn ddaearyddol. Roedd arnynt gywilydd ohoni, mae'n debyg. Mae'n siŵr mai rhywbeth tebyg i un y Fischers ydoedd. Ni chefais fy ngwahodd i gwrdd â rhieni Felix chwaith, a oedd hefyd â fflat yn yr un adeilad. Daethant hwy i Fienna ar ddechrau'r ganrif, o Galicia, ardal Bwylaidd a berthynai i'r ymerodraeth y pryd hwnnw. Codwyd Felix yn Awstriad felly, a siaradai fel

75

un, er mae'n debyg mai Yiddish a siaradai â'i rieni gartref. Yn raddol y deuthum i sylweddoli'r gwahaniaethau mawr a fodolai ymhlith Iddewon Fienna, a'r modd y cyfrifai'r hen ddinasyddion eu hunain yn uwch eu statws na'r newydd-ddyfodiaid o'r dwyrain a ddaliai i siarad Yiddish. Synnwn i ddim nad oedd elfen o hyn yn nrwgdybiaeth Paul o Felix. Nid oedd Yiddish yn iaith 'hanesyddol', fel oedd y Fagyareg a arferwyd, ynghyd â'r Almaeneg, ar yr aelwyd y magwyd ef a'i chwiorydd arni. Ond pan ddaeth Hitler i rym yn Fienna, ni thalodd ef unrhyw sylw i'r fath 'ragoriaeth' rhwng y naill Iddew a'r llall.

'Cartref' i Thekla o hyd oedd ei hen gartref, sef fflat ei rhieni yn Alsergrund, y Nawfed Cylch o'r ddinas. Yno roedd rhyw bum ystafell gyfforddus a digon chwaethus, yn llawn darluniau mawr mewn fframiau euraid, celfi trwm addurnedig, carpedi blodeuog trwchus, a llenni melfed sylweddol, a'r cwbl oll wedi eu piclo mewn cenedlaethau o fwg sigâr. Bu'r croeso imi yno yn un twymgalon, a gwelais yn fuan mai cymeriadau unplyg ac annwyl oedd y rhieni. Cadwent hwy at y rheolau Iddewig ynglŷn â bwyd, ac yr oedd Sándor yn ffyddlon ei bresenoldeb yn y synagog. Ni fu Felix gyda ni ar yr un o'n mynych ymweliadau â'i deulu yng nghyfraith, ac ni holais innau pam.

Teulu dosbarth canol Iddewig ydoedd, gyda'r Fagyareg yn llawn cymaint o famiaith iddynt â'r Almaeneg. Wedi eu geni yn Hwngari, pan symudasant i Fienna i fyw, tynnent at ardal o'r ddinas lle roedd llawer o Hwngariaid wedi ymsefydlu. Gwelwyd y patrwm hwn mewn amryw ardaloedd o'r ddinas, ac roedd hi'n ddigon naturiol i Tsieciaid, Eidalwyr a

Thekla a Felix

Phwyliaid dynnu at ei gilydd wedi iddynt gyrraedd yno. Ond yn 1919, pan ymddatododd yr ymerodraeth yn ddarnau annibynnol, yr oedd cyfle i drigolion Fienna benderfynu ymhle'r oedd eu hymlyniad, ac i ba un o'r gwledydd newydd y dymunent berthyn. Penderfynodd Sándor gofrestru yn Awstriad. Hwyrach iddo dybio y byddai'n well iddo aros lle roedd ei fusnes, fel marsiandïwr darluniau a chelf, gan ei fod wedi gwneud cysylltiadau cadarn, na mentro yn ôl i

Hwngari lle byddai ef a'i deulu'n wynebu amgylch-
iadau dieithr.

Ei ail wraig, a llysfam y plant, oedd Ida, hithau wedi
ei chodi yn Brotestant Calfinaidd Hwngaraidd yn
Fienna, ond trodd yn Iddewes pan briododd Sándor.
Er na fyddai hi na fi yn cyfeirio at hyn yng ngŵydd y
teulu, yr oeddwn i'n ymwybodol o ryw gwlwm cudd
rhyngom. Trefnodd imi gyfarfod â chwaer iddi a
barhaodd yn Galfin, gan godi teulu yn y ffydd honno
yn Fienna. Cwrdd mewn tŷ coffi a wnaethom, yfed un
Goldschale (coffi cryf) yr un a sawl glasiaid o ddŵr oer,
gan glebran am awr neu ddwy, arfer oedd yn gwbl
dderbyniol yn Fienna. Cefais wybod mai Iddewon
oedd eu teulu o ran gwaed, ond i un o'r hynafiaid
dderbyn bedydd, ai o argyhoeddiad ynteu o bolisi, nis
eglurwyd imi, ond yr oedd Calfiniaeth yn dderbyniol
iawn yn Hwngari yn y ganrif ddiwethaf. Roedd yn
amlwg nad edrychwyd ar Iddewiaeth Frau Ida fel brad
gan ei chwaer. Clywais wedyn i fab y chwaer hon,
Erich Wachs, lwyddo i ddianc i Sweden mewn pryd
cyn y rhyfel, ac oddi yno i ryw goleg diwinyddol yn
America. Ond bu gwaed Iddewig ei fam yn ddigon
i'w chondemnio hi, er gwaethaf ei phroffes
Brotestannaidd, pan ddaeth y Natsïaid i rym yn
Fienna. Bu ei chwaer yn fwy ffodus. Llwyddodd Paul i
gael ei rieni i Lundain mewn pryd, i fyw yno mewn
ing meddwl a hiraeth cyn eu rhoi i orwedd ym
mynwent yr Iddewon yn Streatham. Dyna ddigon,
efallai, i egluro i chi pam y ceisiais osgoi'r sedd honno
yn y Rathauspark. Ond y mae llawer mwy o eglurhad
eto'n ôl, sef hanes diwedd trist Felix ei hun.

Nid oedd galw arnaf i chwilio am ei fedd ef yn

Fienna. Roeddwn i wedi gwneud y chwilio eisoes, drwy'r Groes Goch, ar ddiwedd y rhyfel. Ni chawsom hyd iddo'n benodol, a hir fu'r chwilio. I mi y daeth y wybodaeth gyntaf, gan fy mod i, ar gyngor fy hen bennaeth yn Abertawe, yr Athro Ernest Hughes, wedi gwasgu ar yr Aelod Seneddol dros Brifysgol Cymru, W.J. Gruffydd, i'm helpu i gael rhyw ymateb oddi wrth y Groes Goch, gan nad oedd Thekla ei hun wedi clywed dim ganddynt. Y wybodaeth, pan ddaeth, oedd bod Felix a'i rieni oedrannus wedi gorfod gadael eu cartref yn y Lerchenfelderstrasse ganol nos yn niwedd Medi 1940, pan ddaeth lori fawr llawn milwyr i'w cyrchu hwy ac eraill. Nid oedd yr un cofnod pellach am yr hen bobl, ac yn ôl pob tebyg rhoddwyd terfyn buan ar eu heinioes, ond symudwyd Felix o un gwersyll llafur i'r llall, nes iddo gyrraedd Minsk, ac nid oedd yr un cofnod pellach amdano yntau wedi 1943, pan ffodd yr Almaenwyr o Minsk o flaen y Rwsiaid. Ni fedrent ddweud a oedd ef byw y pryd hwnnw, ac ni fedrent barhau â'r ymholiad ddim pellach. Yr unig amheuaeth sy'n aros yn y meddwl ynglŷn â diwedd Felix yw p'un ai y lladdwyd ef gan yr Almaenwyr am ei fod yn Iddew, neu gan y Rwsiaid buddugoliaethus am ei fod yn Almaenwr. Rywbryd yn ystod y misoedd diwethaf, clywais ar y radio ryw newyddiadurwraig yn sôn sut y saethwyd Iddewon i mewn i fedd agored ym Minsk, yn unig i ddifyrru Himmler. Bu'n gymaint o sioc i mi ar y pryd, a minnau dim ond yn hanner gwrando wrth wnïo, fel na chreffais ar enw'r wraig na'i rhaglen. Bûm yn meddwl sgrifennu at y B.B.C., ond faint well fyddwn i? Nid yw ar y gorau ond yn cynnig posibilrwydd arall o'r modd y bu'r truan farw. Nid ei farw sy'n creu anesmwythyd i mi erbyn hyn, ond meddwl am yr oll y bu'n rhaid iddo'i wynebu cyn marw. Ar ôl bod yn ddi-waith cyhyd, mae'n siŵr iddo gael ei orweithio gan y Natsïaid tra oedd nerth ynddo. A ddaliodd ef tybed i wahaniaethu rhwng yr anobeithiol a'r difrifol?

Fe gynigiwyd iddo yntau ddewis arall. Trwy gymorth pwyllgor a sefydlwyd gan y Crynwyr yn Llundain i ddod ag Iddewon ac eraill allan o'r Almaen, cefais le i Thekla a Felix fel morwyn a gwas i ryw sgweier yn ne Lloegr, yn haf 1938. Ond gwrthododd Felix adael ei rieni oedrannus. Pwysodd ar Thekla i fynd; byddai ei phresenoldeb hi yn Lloegr yn help iddo yntau ei dilyn yn y man. Er mwyn hwyluso'r gwaith o gael ei phapurau hi drwodd yn gyflym heb eu cymhlethu â'r ffaith fod ar Felix ddyled am drethi, diddymwyd y briodas. Ni fedraf gyfrif sawl gwaith y mynnai Thekla f'argyhoeddi na olygai hynny o gwbl fod y briodas drosodd yn eu golwg hwy. Roedd Felix wedi cymeradwyo'r weithred, ond daliai hi i boeni am na fynnai ei rieni uniongred ef ddeall na chydnabod eu penderfyniad, ac iddynt wrthod ei gweld i ffarwelio â hi cyn iddi ymadael am Lundain yn hydref 1938. Daeth bryd hynny yn forwyn i ficer a'i wraig yn Surrey, lle bu'n hynod anhapus. Mae'n siŵr nad oedd hi'n atebol i'r caledwaith a ddisgwyliwyd ganddi; roedd tanau glo yn gwbl ddieithr iddi, a hefyd coginio ar *range* henffasiwn. Synnai hithau mor anwybodus a difalio oedd teulu y disgwyliodd iddo fod yn ddiwylliedig, ynghylch cwrs y byd a'i helyntion blin.

Clywodd yn gyson gan Felix nes cyhoeddi'r rhyfel, er i'w lythyrau gael eu sensro. Wedi bod mor hir heb waith, bellach gweithiai oriau hir mewn ffatri, ond ni ddatgelodd sut ffatri, na dweud sut oeddynt yn llwyddo i fyw. Clywodd hi oddi wrtho wedyn drwy gyfnither iddo yn Timisoara, yn Romania, ac unwaith neu ddwy drwy Erich yn Sweden, ac yna dim. Llwyddodd hi yn y man i gael lle yn Llundain i gadw tŷ i newyddiadurwraig a'i gŵr, pobl ddeallus a charedig, ac yn Ladbroke Grove nid oedd ymhell oddi wrthyf innau yn Kensington, a gwelem ein gilydd yn gyson drwy'r misoedd terfysglyd cyn y rhyfel.

Er mor wahanol ein cefndir, a'i bod hi wyth mlynedd yn hŷn na mi, fe ddeallem ein gilydd i'r dim. Bu aeddfedrwydd yr wyth mlynedd hynny'n help i mi ar lawer adeg, ac fe'm harbedodd rhag mwy nag un cam gwag! Pwysai hithau arnaf innau hefyd, mae'n debyg, gan y câi sôn wrthyf am yr hen ddyddiau yn Fienna, ac am Felix, pan na fynnai ei rhieni na'i brawd glywed sôn am ei enw. Pan ddaeth y rhyfel, ac i minnau symud i Abertawe, a'r teulu yn Ladbroke Grove ddanfon eu plant i ddiogelwch Canada, suddodd Thekla i anobaith drachefn. Ond llwyddais i gael lle iddi fel morwyn yn Llandeilo, a chyda help swyddogion y synagog yn Abertawe (er bod eu trefn bron mor ddieithr i Thekla ag ydoedd i mi!), llwyddasom rhyngom i sicrhau iddi'r statws 'Friendly Alien'. Wedi ennill hwnnw, ni chyfyngwyd hi i weithio fel morwyn, a danfonwyd hi i gadw llyfrau cownt i'r Southern Railway. Erbyn diwedd y rhyfel sicrhaodd waith cymwys i'w medr a'i phrofiad yn Llundain gyda'r cwmni ffasiwn Reldan. Roedd y fusnes honno rywle y tu ôl i Selfridge's, a symudodd ei mam, oedd yn weddw bellach, ati i fflat fechan yn Kilburn.

Ers rhai blynyddoedd danfonasai Thekla arian i mi i'w roi yn fy nghyfrif banc, 'ar gyfer Felix'. Gwrthodai dderbyn unrhyw ffurf ar I.O.U. gennyf. Nid oedd am i'w brawd wybod y medrai hi gynilo, nawr ei fod yntau'n briod, a llu o ffoaduriaid anghenus ar ochr ei wraig hefyd. Prynais dystysgrifau cynilo â'i harian, gan egluro i'm tad beth oeddynt, a beth i'w wneud â hwy pe'm lleddid i mewn cyrch awyr, rhywbeth nad oedd yn amhosibl y dyddiau hynny yn Abertawe. Felly pan euthum â'r llythyr hwnnw o'r Groes Goch â'r wybodaeth am ddiwedd Felix iddi i Lundain yn 1945, es â'r tystysgrifau cynilo gyda mi. Ond gwrthododd eu derbyn. Efallai y deuai Felix eto o rywle, ryw ddydd, o Sweden, neu Romania neu Balesteina; ni fynnai roi i fyny'r gobaith. Gwyddai y rhoddwn i nhw iddo.

Bu Thekla ei hun farw o lid yr ymennydd y dydd cyntaf o 1949, ac yr oedd Hitler, yn fy marn i, yr un mor gyfrifol am ei diwedd hi ag am un ei gŵr, o gofio am yr euogrwydd a'r hiraeth a nychodd ei hysbryd ac a wanhaodd ei chorff. Barnodd fy nhad a minnau y dylwn yn awr drosglwyddo'r arian i Paul; yr oedd y swm ymhell dros dri chan punt bellach. Dyw hynny ddim yn swnio'n llawer heddiw, ond roedd yn swm eithaf sylweddol y dyddiau hynny; fel y cofiwch, tua chymaint ag yr enillem ni mewn blwyddyn wrth ddarlithio yng ngholegau'r Brifysgol! Yr oedd Paul yn drist o feddwl nad oedd ei chwaer hoff wedi ymddiried mwy ynddo, a cheisiais ei gysuro wrth ddweud hwyrach na thrystiai hi ei hunan i beidio â'u gwario mewn taro! Cytunem â'n gilydd nad oeddem yn debyg o weld Felix mwy, ac ni wyddai am neb o'i deulu a fyddai wedi goroesi. Sicrhaodd fi na ddefnyddiai'r arian heb ymgynghori â mi a chael fy nghydsyniad. Aeth blwyddyn a mwy heibio cyn iddo ysgrifennu ataf i ofyn a gymeradwywn iddo ddefnyddio arian Thekla i'w alluogi i hedfan i Tel Aviv lle roedd eu chwaer Ella mewn ysbyty; byddai cymaint hwylusach na'r ffordd arferol gyda'r trên i Brindisi a llong oddi yno, a byddai'n caniatáu iddo dreulio mwy o amser gyda hi. Cydsyniwn yn llwyr. Bu tynged Ella, er ei bod allan o Awstria pan gymerodd Hitler feddiant ar y wlad, yn un hynod drist, y tristaf ohonynt oll, os credwch fod tynged gwaeth nag angau yn bosib. Ond stori arall yw honno, ac fe'i cewch rywdro eto, os mynnwch.

I orffen hwn drwy sôn am Thekla – bu hi'n aros gyda ni ar ôl inni symud yma, i Glwysgoed. Yr oedd John wedi cael cyfle i'w hadnabod yn Llundain yn ystod y rhyfel, ac roedd yn hoff iawn ohoni. Parhaodd ei chynghorion – sut i drin mam yng nghyfraith, er enghraifft, fel na fyddai achos edifaru yn nes ymlaen! Bu yma yn addoli Philip ac wedyn Eirlys. Tybed na chwrddoch â hi ar un o'r troeon hyn? Ond hwyrach na soniwyd dim am Felix bryd hynny. Y mae cymaint o'u hanrhegion o gwmpas y tŷ yma fel y teimlaf imi dderbyn mwy ganddi nag y medrais ei roi iddi hi erioed.

Clywaf ei llais o hyd, yn union fel y daw llygaid Felix i'm cof. Erys y ddau yn fyw iawn yn fy nghalon, ac mae'n erchyll meddwl nad oes hwyrach neb arall yn fyw erbyn hyn sy'n eu cofio o gwbl, o leiaf nid y ddau gyda'i gilydd. Felly mae'n dda gen i roi hwn ar bapur, er mewn iaith ddieithr hollol iddynt, i gofnodi peth o'r ymdrech a'r siom, y llawenydd a'r hiraeth a brofais i o'u stori, heb sôn am y dagrau gwyllt a'r dioddefaint a fedraf eu dychmygu. Ond heblaw fy ngeiriau i, nid erys ond carreg fedd Thekla, ac arysgrif mewn Hebraeg a Saesneg arni ym mynwent Streatham, a chofnod moel, annigonol iawn i'm golwg i, yn archifau'r Groes Goch am ddifodiad gwersyll Almaenig ym Minsk.

Tybed, Julia, a fedrwch ddioddef rhagor o'm cronicl? Rydych yn talu'n ddrud am ddod gyda fi i Fienna!

Fy nghofion annwyl atoch,
Marian

VI

Aberystwyth
30 Ebrill 1989

Annwyl Julia,

Diolch am ateb mor brydlon. Rwyf mor falch eich bod yn cofio cwrdd â Thekla yma. Yn ôl yn haf 1945 fyddai hynny gyntaf, pan oedd eich byd chi a fi yn llawn gobaith wrth edrych ymlaen at fywyd hir a hapus, a'r hen ryfel y tu ôl i ni. Ac ar y cyfan cawsom ein dwy weld gwireddu llawer o'n breuddwydion, er nad heb ein siâr o ofalon a phryder, ac i chi orfod wynebu'r golled fwyaf dipyn ynghynt na mi. Ond yr oedd hyn oll o fewn amodau naturiol ein bywyd, wedi ei benderfynu ymlaen llaw i raddau, efallai, gan ein hetifeddiaeth genetig. Ond sarnwyd bywyd Thekla a Felix gan ymyrraeth ddieflig Hitler a'i ddihirod. Y tu ôl i'r 'sirioldeb' a gofiwch chi – a hwnnw'n gwbl ddidwyll – mi wyddwn i am yr hiraeth, a gwaeth fyth yr euogrwydd a oedd yn gydymaith cyson iddi oherwydd iddi ddianc. Hi oedd un o'n gwesteion cyntaf yn ein cartref newydd, Glwysgoed. Gwyddwn mor llawen y byddai o'n gweld ni'n dau wedi setlo lawr yn ein cartref ein hunain yng Nghymru ar ôl crwydro yn yr anial amser rhyfel, a gweld John yn llawn brwdfrydedd i droi'r Ddeddf Addysg Newydd yn ffaith yng Ngheredigion cyn gynted â phosib.

Ond am ei chwaer Ella y bwriedais sôn yn y llythyr

hwn. Hi oedd y cyntaf o'i theulu yn Fienna imi ei adnabod. Ni chollodd fawr o amser ar ôl cael fy nghyfeiriad gan ei brawd yn Llundain, cyn galw yn fy llety un prynhawn. Wedi imi ddarllen ei henw ar y cerdyn y daeth Mitzi'r forwyn ag ef i mi ar hambwrdd bach arian, dywedais wrthi am ddod â'r *Dame* ataf, a phe canwn y gloch yn nes ymlaen a fyddai hi cystal â dod â the i ni. Gwelwch mor fuan y dysgais i ymddwyn mewn cytgord â'm llety – nid bod hynny'n anodd a Mitzi'n gwneud cyrtsi bob tro y'm cyfarchai!

Merch fer, oleubryd a arweiniwyd ataf, wedi croesi'r tridegau, mi dybiwn, ac yn reit ffasiynol yn ei siwt o sidan glas tywyll, het o'r un lliw, a chamelia ar ei hochr o'r un pinc â'i blows *crêpe de Chine*. Gwisg braidd yn ffurfiol ar bnawn cynnes o haf, meddyliais, ond tebyg iddi ystyried fod fy nghyfeiriad yn galw am ffurfioldeb. Cyfarchodd fi yn Saesneg, ond yn hytrach na derbyn fy ngwahoddiad i eistedd a chael cwpaned gyda'n gilydd, awgrymodd ein bod yn mynd allan i un o'r parciau inni gael cyfle i ddod i adnabod ein gilydd. Cydsyniais, wrth gwrs, a'i dilyn, ond aeth â mi heibio i'r Rathauspark gerllaw, i'r Volksgarten, ac yno, gerllaw'r gofeb i'r Ymerodres Elisabeth, yr eisteddasom. Mae'n siŵr eich bod chithau'n cofio'r llecyn hwnnw, Julia; eisteddasom ninnau fwy nag unwaith ar y seti pren yn ymyl yr ymerodres alarus yn ei marmor gwyn, a deyrnasai bellach dros lyn addurniadol, a'i ymylon bob amser yn frith o flodau ysgarlad. Ym mhen arall y llwybr graean yr oedd y gofeb i'r dramodydd Grillparzer, cofeb lawer mwy syber, fel y gweddai i'r cymeriad mewnblyg hwnnw.

Gadewais i'm cydymaith siarad, gan ei bod yn

amlwg wedi ystyried ymlaen llaw sut y treuliem y prynhawn, a chredais ei bod yn un a wyddai ei meddwl ei hun ac wedi arfer cael ei ffordd. Dywedodd wrthyf y rhedai ei busnes ei hun o'i swyddfa yn ei chartref, sef cartref ei rhieni. Roedd ganddi hanner dwsin o ferched yn teipio iddi yn eu cartrefi eu hunain – traethodau academaidd yn bennaf, gan arbenigo mewn termau cyfreithiol. Hi a drefnai ac a arolygai'r gwaith o'i *Büro* gartref, a chadw'r cyfrifon. Tybiais fod ganddi fusnes reit lewyrchus a barnu wrth ei gwisg, ei hesgidiau, ei menig a'i bag. O dipyn i beth dechreuodd ei Saesneg gloffi a bu'n rhaid i minnau fentro ar fy Almaeneg herciog, a rhyw hanner-a-hanner y bu hi byth wedyn. O ganlyniad diflannodd y ffurfioldeb rhyngom, yn ogystal â'r argraff gyntaf a gefais ohoni fel hen ferch gwbl hunanfeddiannol. Gwelais mai wedi ei pharatoi ei hunan ydoedd i'm cyfarfod i. Wedi clywed am faes fy astudiaeth, naturiol oedd i ni droi at wleidyddiaeth y dydd, yn arbennig sefyllfa Awstria o dan Schuschnigg. Mynegodd ei safbwynt yn glir; nid oedd yn frwd o blaid yr oruchwyliaeth glerigol, ond dyna'r gorau y medrai hi ei ddisgwyl gan nad oedd o blaid Sosialaeth, a'i bod hi'n Iddewes. Synnais glywed hyn a hithau mor olau ei phryd. Cydnabu y gallai hynny brofi'n fantais iddi ar adegau, ond na fyddai byth yn ceisio celu'r ffaith. Na, doedd hi ddim yn cadw at y deddfau bwyd, er bod ei rhieni'n gofalu am hynny gartref. Wn i ddim ai'r sôn am fwyd a'i hatgoffodd bod *Meierei* (siop laeth) ym mhen draw'r parc, ond cofiaf mai yno, y pnawn hwnnw, y profais hufen iâ *tutti-frutti* am y tro cyntaf! Wrth groesi'r Heldenplatz, eglurodd imi oed a phwrpas gwahanol adrannau'r Hofburg, ac yr oedd ei balchder yn ei dinas yn ddigamsyniol; ond ei chymwynas fwyaf i mi y pnawn hwnnw oedd mynd â mi i'r siop llyfrau ail-law fwyaf yn Fienna!

Pan ddaeth yn bryd imi droi am fy llety i gael fy swper, trefnodd wrth ffarwelio 'mod i'n ei chyfarfod hi a'i 'chwaer fach' Thekla, a'i gŵr Felix, yn y Café Schottentor nos drannoeth wedi swper. Felly y dechreuwyd yr arfer o gwrdd yn gyson yn y Schottentor, a oedd mor gyfleus i ni i gyd. Cyn bo hir teimlwn yn llawer agosach at Thekla nag at Ella, oherwydd rhyw swyn ym mhersonoliaeth Thekla na fedraf ei egluro'n iawn; 'charisma' fyddai'r gair ffasiynol amdano heddiw. Er i Ella fy nharo i fel un gwbl hunanddigonol, ryw noson pan nad oedd hi gyda ni oherwydd prysurdeb gwaith, dechreuodd Thekla sôn gymaint y cydymdeimlai â'i chwaer ac â'i chariad, Hans, oedd ym Mhalesteina yn anghyfreithlon, ffaith a olygai nad oedd fawr o obaith iddi fyth allu mynd yno ato. Nid oedd ei rhieni'n fodlon ar y sefyllfa o gwbl, gan fod Hans yn anffyddiwr, heb sôn am y cymhlethdodau eraill.

'Fydden nhw byth yn fodlon ar unrhyw siort o gymar i'r un o'u merched,' awgrymodd Felix â'i hanner gwên, hanner gwg arferol. Ni ddangosais i Ella 'mod i'n gwybod dim o hyn y flwyddyn honno. Âi hi â fi am ambell *Ausflug* ('outing' oedd y gair Saesneg a gynigiais iddi am y fath drip bach) i un o'r bryniau a edrychai i lawr yn warcheidiol ar y ddinas – Cobenzl, neu Kahlenberg – ond cofiaf yn arbennig hel syfi gwyllt (mefus, i chi!) ar y Sofienalpe. Dro arall aeth â mi i weld cyfnither iddi, Berta, a oedd yn byw yn yr un stryd â Freud, sef y Berg-gasse. (Hwyrach imi sôn amdani pan aethom ni heibio'r stryd honno, ond wrth gwrs roedd Freud yn dal yn fyw y pryd hwnnw, ac felly doedd yna'r un gofgolofn iddo, na pharc wedi ei enwi ar ei ôl, yn y cyfnod y soniaf fi amdano nawr.) Bwriad Ella wrth fynd â mi yno, mae'n siŵr, oedd imi gael archebu het, oherwydd Berta a greodd yr het honno â'r camelia pinc! Gweithiai hithau o'i chartref, fel y gwnâi Ella, gan ddibynnu ar eirda ei chwsmeriaid am lwyddiant. Mi brynais het ganddi, un wellt ddu â chantal mawr, a brofodd yn reit ddefnyddiol drwy hafau'r rhyfel, ar ôl imi dynnu'r bwnsied ceirios coch oddi arni! Synnwn i ddim na welsoch chi hi rywbryd, hwyrach ar y pnawniau 'agor arddangosfeydd' rheini yn y Llyfrgell Genedlaethol, pan oedd disgwyl, 'slawer dydd, i bawb i wisgo'u dillad gorau oll!

Welais i ddim o Berta yn 1937, er imi fynd i de at ei mam – a phrynu het felfed werdd a oedd ar werth, ac yn fy ffitio. Yr oedd Berta rywle yn Hwngari yr adeg honno, yn cael triniaeth ar gyfer y gwynegon mewn baddonau mwd poeth (y *Schlammbad*). Druan ohoni hi a'i mam. Daeth eu rhawd hwythau i ben yng ngwersyll Theresienstadt yn y man. Ond yn ystod f'ymweliad yn 1937 cefais olwg newydd ar gymeriad Ella. Drwy fisoedd y gaeaf roeddwn wedi cadw mewn cyswllt â'r teulu trwy lythyr, a thrwy Paul, ond nid oedd dim wedi fy mharatoi ar gyfer y newid ynddi. Y noson wedi imi gyrraedd, ffoniodd i ofyn a wnawn i ei chyfarfod yn y Café Landtmann nos drannoeth. 'Iawn,' meddwn i. 'Hanner awr wedi wyth.' Ar ôl swper, meddyliais, un coffi â *Schlag* (hufen), a glaseidi o ddŵr oer! Ond pam Landtmann yn hytrach na Schottentor?

Fore trannoeth wrth fynd drwy'r Rathauspark, pwy a welwn ar ei sedd arferol ond Felix. Roedd Thekla yn yr Eidal ar fusnes tan y diwrnod canlynol, meddai, felly beth am gwrdd fel arfer yn y Schottentor wedyn? Pan ddywedais wrtho bod Ella wedi fy ngwahodd i'r Landtmann y noson honno, ac imi gymryd yn ganiataol y byddent oll yno, chwerthin dros y lle a wnaeth Felix, gan daro'i glin mewn sbri.

'Ac rydych yn mynd i gwrdd ag Alfred yno?' Ond ni fynnai egluro dim mwy imi – nid oedd am sbwylo'r hwyl, meddai, ond edrychai ymlaen at gael f'argraffiadau drannoeth! Gadewais ef yn chwerthin yn gellweirus.

Ni welwn Ella wrth y byrddau y tu allan i'r Café Landtmann, a bûm yn craffu'n hir o'r drws, ar draws y bordydd marmor crwn ac ar hyd y meinciau melfed coch, cyn ei darganfod yn y pen pellaf. Pan welodd hi finnau rhuthrodd tuag ataf, yn gwisgo ffrog las ysgafn, heb yr un het, a golwg reit gyffrous ar ei hwyneb. Cyfarchodd fi â mwy o angerdd o lawer nag arfer.

'Ymhle gawn ni eistedd?' holais.

'Ach Weh!' atebodd. 'Fyddwn ni ddim wrth ein hunain heno.'

Am ei bod yn debycach i groten ysgol na'r ferch hunanfeddiannol a adwaenwn, mentrais grybwyll enw Hans. 'Na, na. Alfred yw hwn.' Eglurodd yn frysiog i'w rhieni drefnu iddi briodi Alfred, a'i bod am i mi ei gyfarfod, a rhoi fy marn iddi 'yn onest' amdano. Tra siaradai â mi ysgydwai ei phen melyn â'r *marcel-wave* ddisgybledig, yn ôl ac ymlaen, rhwng penbleth a galar, a gwelais ofn yn y llygaid gleision. Cydiodd yn fy llaw a'm tywys rhwng y byrddau bach i'r pen draw. Gwelais Iddew moel yn codi ar ei draed, gan osod y *Neue Freie*

Presse a fu'n darllen i lawr yn ofalus wrth ochr ei gadair. Sylwais nad oedd yn dal, ac er ei fod yn bur drwsiadus ei wisg, roedd ymhell o fod yn olygus, a phan wenodd arnaf yn ddanheddog wrth gusanu fy llaw (arfer cyffredin ar y pryd yn y ddinas honno), rhaid cyfaddef imi deimlo ysgryd i lawr fy nghefn. Ella fach, meddyliais, fedri di ddim priodi hwn! Archebodd ef *Apfelstrudel* yn ogystal â choffi i mi − yr oedd ganddynt hwy goffi eisoes − a dechreuodd sgwrsio'n ddigon synhwyrol, er braidd yn bendant ei ymadrodd. Gan fod Ella'n fud ac yn anesmwyth, gwelwn bod rhaid i mi wneud ymdrech i'w thynnu i mewn i'r sgwrs, ac felly soniais imi daro'n ddamweiniol ar Felix 'ar y stryd' yn ystod y bore. Ysgwyd ei ben yn alarus wnaeth Alfred o glywed hyn. 'Ach, die arme Thekla' ('Thekla druan'), mwmianodd gan ysgwyd ei ben moel. Ac mae arna i ofn na wnes i fawr o ymdrech wedyn i gynnal y sgwrs, ond yn hytrach palu ymlaen â'm *Apfelstrudel*, tra cydiodd Ella yn y papur newydd a'i astudio fel pe bai am basio arholiad ar ei gynnwys.

Pan gyfeiriodd Alfred at ei 'fusnes', holais beth oedd natur ei waith, gan ddweud bod yn dda gennyf glywed am rywun nad oedd yn ddi-waith yn y ddinas. Gwelwn ef yn dechrau ymchwyddo, ond cyn iddo allu mynd ymhellach na sôn am 'fusnes y teulu', 'Teilwra', meddai Ella'n gwta, o ddyfnder ei phapur newydd, 'ac yn yr Ail Gylch', ychwanegodd, gan gyfeirio at yr ardal Iddewig o'r ddinas y tu hwnt i Gamlas Donaw. Yr oedd ei chartref hi yn y Nawfed Cylch, cyfeiriad llawer mwy dethol! Ceisiodd Alfred adennill statws wrth ddweud wrthyf er na fu yn Llundain erioed, iddo fod yn Efrog Newydd. Yr oedd ganddo deulu yno ar

91

ochr ei fam. Efallai yr âi ag Ella yno cyn bo hir. Wn i ddim ai ei eiriau, ynteu'r wên nawddogol a drodd i'w chyfeiriad, a gynhyrfodd Ella i roi y *Freie Presse* i lawr a throi ataf fi, gan ddweud, yn Saesneg,

'Good. You have finished your cake. Please come with me to the Ladies Room,' gan ychwanegu 'Entschuldigen, bitte' dros ei hysgwydd i gyfeiriad Alfred, a oedd ar ei draed ac yn bowio'n urddasol i'n hymadawiad diseremoni. Dilynais hi i le'r merched, yn barod am ddagrau, ond wedi cyrraedd yr ystafell, a'i chael yn wag, safodd Ella'n stond a'i chefn yn fflat yn erbyn y drws.

'Hässlich, nein?' ('Hyll, e?') holodd, gan edrych i fyw fy llygad. Ac er ei bod hi'n agos at ddagrau, ni fedrwn i lai na chwerthin wrth afael amdani'n dynn.

'Fort von hier!' ('Bant â ni oddi yma!') oedd ei geiriau nesaf, ar ôl sicrhau nad oeddwn wedi gadael dim o'm heiddo ar ôl yn yr ystafell fwyta. Dilynais hi heibio'r toiledau gwag, a'i gweld hi'n taflu llond dwrn o *Groschen* i fowlen yr hen wreigan wrth y drws pellaf, yna allan â ni i'r cyntedd, heb fynd ar gyfyl yr ystafell lle roedd Alfred yn dal i ddisgwyl amdanom. Cydiodd Ella yn fy llaw a'm harwain i lawr gydag ochr y *Café*, drwy ale gul i ryw sgwâr a dim ond cefnau adeiladau mawr i'w gweld yno. Ymddangosai i mi yn lle caeedig, ond yr oedd grisiau cerrig yn un gongl, ac i fyny'r rheini â ni, trwy ale gul arall, ar i waered nawr, nes imi weld ein bod yn dod allan i stryd brysur. Ymlaen eto nes cyrraedd y Graben, ac oddi yno i'r Stefansplatz, oedd heb ei bedestreiddio'r pryd hwnnw, ac yn llawn ceir yn gwibio heibio. Eto ni theimlai Ella'n saff nes fy nhynnu ar ei hôl i mewn i'r eglwys gadeiriol ei hun!

'Hier kommt er nicht.' ('Ddaw e ddim yma.') Gwnaeth rhyw offeiriad i ni glymu hancesi am ein pennau a gollwng gafael ym mreichiau'n gilydd, cyn gadael llonydd inni grwydro drwy'r eglwys dywyll ac eistedd am ennyd i fwrw'n blinder a'n cyffro. Heb dorri'r un gair, cododd hi yn y man ac aethom allan, gan gadw at strydoedd tawel nes mentro i ryw gaffi swnllyd, tanddaearol i sgwrsio yno dros gwpanaid arall o goffi. Pan holais hi beth a wnâi nesaf, dywedodd yr hebryngai fi yn ôl i'r Rathausstrasse, ac yna yr âi adref gyda'r tram; go debyg y byddai ef wedi cyrraedd yno o'i blaen, i gwyno wrth ei rhieni amdani. Ond ni fedrai esgus rhagor. Fedrai hi ddim ei briodi. Teimlwn yn ofidus nad oedd Thekla gartref, a bod Berta yn y *Schlammbad*.

Yr oedd yn dda gennyf gael swper drosodd y noson wedyn a mynd tua'r Café Schottentor. Ni ddaeth Ella atom, ond roedd Thekla wedi dychwelyd o'r Eidal, ac wedi cael sgwrs hir ar y ffôn gyda'i chwaer, felly nid oedd angen imi adrodd stori'r noson cynt. Ond roedd Felix yn awyddus i wybod sut argraff a gafodd Alfred arnaf. 'Kein Adonis, e?' ('Dyw e ddim yn Adonis, nag yw?') holodd yn gellweirus. Nid oedd Alfred yn disgwyl Ella adref, ac nid oedd hithau wedi sôn dim wrth ei rhieni eto. O hynny ymlaen, deuai i'r Schottentor atom nawr ac yn y man, ond ni soniwyd rhagor am Alfred. Ni welais hi ar ei phen ei hun tan fy Sul olaf cyn imi ddychwelyd i Lundain, pan aethom am *Ausflug* arall i'r Sofienalpe, ond erbyn hynny roedd tymor y syfi gwyllt wedi hen ddarfod; yn wir roedd y dail yn dechrau troi eu lliw ar y coed, a min i'w deimlo ar awel yr hydref. Ond dros goffi a darn o

Guglhupf (cacen go blaen) cefais glywed am y diflastod a barodd Alfred rhyngddi hi a'i rhieni. Ond ni newidiai ei meddwl, serch iddo hawlio swm o arian gan ei rhieni am iddo gael ei dwyllo. Cynigiodd hi symud allan o'i chartref a rhentu ystafell yn rhywle, ond ni fynnent glywed am hynny. Ni fynnai hithau gynnig talu peth o'r swm a hawliai ef chwaith. Teimlai'n siŵr 'mod i'n synnu clywed fod Iddewon o'r dosbarth canol, mewn prifddinas fodern, yn dal i geisio trefnu priodasau i'w merched, fel y defnyddid y *Schadchen* ('matchmaker') mewn rhyw dreflannau bach ar ffiniau Rwsia cyn oes Napoleon! Yr oedd Ella wedi cynhyrfu cymaint fel na fentrais holi ynghylch manylion y drefn honno, dim ond dweud mor hapus oeddwn nad oedd yn rhaid iddi briodi Alfred.

A dyna'r tro olaf imi weld Ella, er imi dderbyn ambell lythyr ganddi o amryw fannau. Ysgrifennodd i'm hysbysu ddechrau 1938 ei bod yn mynd i Balesteina am ryw fis, ond iddi addo i'w thad y byddai adref erbyn Gŵyl y Pasg, ac felly edrychai ymlaen i'm gweld yn Fienna ym mis Mai. Yr oedd ganddi gyfnither yn Tel Aviv, ond synhwyrais mai gweld Hans oedd gwir nod yr ymweliad. Pan ddaeth y Pasg yr oedd yn rhyddhad, hyd yn oed i'w thad, ei bod hi ymhell o grafangau Hitler; y broblem nawr oedd a fedrai hi aros yno ar adeg pan oedd Prydain, a reolai'r wlad dros Gynghrair y Cenhedloedd, yn cyfyngu ar nifer yr Iddewon a gâi ganiatâd i ymsefydlu yno. Nid cyn diwedd yr haf hwnnw, wedi i'w rhieni gyrraedd aelwyd Paul yn Llundain fel ffoaduriaid, ac i Thekla eu dilyn yn y man, y clywais sut y llwyddodd Ella i ymsefydlu yn gyfreithlon ym Mhalesteina.

Nid oedd diben iddi briodi Hans, ac yntau yno yn anghyfreithlon, ond yr oedd ganddo ef ffrind dibriod yn gweithio yn yr un *kibbutz*, un a ymfudodd yno yn gyfreithlon o Lundain gan gadw'i statws dinesydd Prydeinig. Yr oedd yn barod (ai am dâl, ni holais) i briodi Ella fel y câi hithau ddinasyddiaeth Brydeinig fel ei wraig, statws na chollai wrth ysgaru. Bu'n rhaid iddynt deithio i Cyprus i briodi, ac wedyn medrai ddod i mewn i Balesteina yn gyfreithlon fel ei wraig. Ni fu Ella byw gydag ef o gwbl fel gwraig, ond ymunodd â'r un *kibbutz*, ddim nepell o Haifa, ac ni chollwyd amser cyn dechrau ar y broses o ysgaru. Yn y man, er mwyn bodloni ei rhieni, cafodd hi a Hans fendith rhyw Rabbi, er nad, yn ôl Thekla, mewn priodas, rhag bradychu presenoldeb Hans yn y wlad. Awgrymodd Thekla bod trefniadau o'r fath yn gyffredin yno, er nad oedd pob Rabbi yn barod i gydsynio â'r fath drefn. O gofio nad oedd gan Ella ddim i'w ddweud wrth Sosialwyr yn Awstria flwyddyn ynghynt, rhyfeddais mor gryf oedd grym cariad nes ei galluogi hi i gydymddwyn nid yn unig â daliadau Hans ond i fyw mewn *kibbutz* Marcsaidd! Yn un o'r cardiau post a dderbyniais ganddi, cyfaddefodd nad oedd gweithio mewn planhigfa rawnffrwyth yn fêl i gyd, ond wedi geni merch fach, cafodd ei rhyddhau o hynny i weithio yn y tŷ golchi. Nid oedd wrth ei bodd yno chwaith, ac ni chytunai â'r drefn o godi'r plant i gyd gyda'i gilydd. Mewn gair, nid oedd Ella, merch fusnes o Fienna, yn hoffi byw mewn *kibbutz*! Mae'n bur sicr fod Hans yn aelod o un o'r grwpiau o derfysgwyr a wrthryfelai yn erbyn ymdrech Prydain i rwystro sefydlu gwladwriaeth Israel. Yr oedd y *kibbutz* arbennig hwnnw o fewn cyrraedd hwylus i'r llongau arfau a ddynesai at y lan yn y nos, fel y gallai'r aelodau, yn ferched a dynion, gerdded allan i dderbyn y drylliau ac arfau eraill, a'u cario yn eu breichiau, yn glir o'r dŵr, i ddiogelwch y *kibbutz*.

Wn i ddim ai'r profiadau hyn oll, ynteu rhyw aflwydd a ddigwyddodd wrth iddi eni ei hail ferch, a barodd iddi golli ei phwyll. Ond cyn hir bu'n rhaid ei rhoi mewn gwallgofdy yn Tel Aviv. Cofiwch imi sôn yn fy llythyr blaenorol i Paul ddefnyddio arian Thekla i hedfan allan i weld Ella. Adnabu ei brawd ar unwaith gan holi am ei rhieni, fel pe baent yn byw yn Fienna o hyd. Yr oedd wedi anghofio'r cwbl am Hitler a'r *Anschluss*, a hyd yn oed am ei phlant ei hun. Ond ymddangosai'n reit hapus yn yr ysbyty, a medrai deipio iddynt yn reit ddestlus, ond ni fedrai gynllunio na threfnu'r gwaith hwnnw ei hunan, dim ond copïo. Efallai heddiw y byddem yn disgrifio'i chyflwr fel achos o glefyd Alzheimer, ond ar y pryd credai'r seiciatryddion yn Tel Aviv fod gan sioc a straen lawer i'w wneud ag ef.

Gydag amser dychwelodd Hans i Prâg, ond gwaharddodd Gwladwriaeth Israel iddo fynd â'r merched gydag ef. Edrychwyd arnynt hwy fel dinasyddion Israel, ac yn Iddewon, gan mai'r fam sy'n penderfynu cenedligrwydd Iddew. Cwrddais â'r ferch ieuengaf unwaith yn nhŷ ei hewythr yn Llundain, merch hardd, hunanfeddiannol, ddeunaw oed. Yr oedd yn awyddus i glywed am ei mam gan un a'i hadwaenai gynt, gan nad oedd hi wedi ei gweld erioed. Yr oedd Paul wedi fy rhybuddio fod y merched yn credu i'w mam farw o'r diciâu, rhag iddynt boeni y gallent hwythau etifeddu'r gwendid meddwl a'i goddi-weddodd hi. Felly'r cwbl a wnes i oedd sôn wrthi am y nosweithiau yn y Schottentor a'r *Ausflug* i'r Wienerwald, a disgrifio'i phryd a'i gwedd, a rhai o'i dillad. Ni wn erbyn hyn beth a ddaeth o'r merched hyn, ond yr oedd Ella'n dal yn fyw pan fu farw Paul yn Llundain, yn nechrau'r 80au. Clywais i Alfred gyrraedd Efrog Newydd yn ddiogel gyda bod Hitler wedi cyrraedd Fienna. Credai ei brawd y byddai'n well pe bai Ella wedi gwrando ar ei rhieni a phriodi Alfred, er y cytunai na fihafiodd yntau fel gŵr bonheddig! Ond o gofio'r wên ddanheddog, fedra i mo'i beio! Erbyn hyn, yn ôl trefn amser, fe gasglwyd yntau at ei dadau ers llawer dydd.

Ella 1937

Ac mae'n hen bryd imi'ch rhyddhau chithau, Julia fach! Gobeithio na wnes i chi grio eto! Cewch lonydd gennyf am sbel nawr, gan 'mod i'n disgwyl Eirlys yma o Virginia ymhen rhyw bythefnos, am bum wythnos. Brysiwch yma i'w gweld! Go brin y down ni i'r gogledd y tro hwn.

Pob hwyl a bendith yn y cyfamser,
Marian

VII

Aberystwyth
8 Gorffennaf 1989

Annwyl Julia,

Prif bwrpas y llythyr hwn yw diolch i chi am yr wythnos fendigedig a dreuliais gyda chi yn Nefyn. Mae'r olygfa o'ch ffenest gefn wedi ei sodro ar fy llygaid fel nad oes rhaid imi ond eu cau i weld y mynydd yn gwylio drosof yn ogystal ag arnaf. 'Rydych wedi diolch digon', fe'ch clywaf chi'n dweud, ond cwbl annigonol oedd y geiriau ffarwél wrth ddisgwyl y trên yng ngorsaf Pwllheli, i ddatgan gymaint a olygodd yr wythnos i mi. Bu'n dda cael edrych ymlaen at ddod atoch wrth ffarwelio ag Eirlys am dipyn eto.

Cefais innau rai blynyddoedd bellach i gynefino â byw ar fy mhen fy hun, ac er bod gennym ein dwy deuluoedd a ffrindiau yn mynd a dod atom yn gyson, a ninnau'n falch o'u gweld, gwn mor fodlon ydym i gael ein haelwydydd i ni'n hunain. Dyma'r gaer a'r noddfa lle nad oes rhaid inni gadw wyneb, nac ymddangos yn ddewr a synhwyrol bob amser, a lle y gallwn deimlo'n ddisynnwyr o hapus ar adegau wrth gofio am ryw droeon difyr gynt, na wyr neb arall amdanynt erbyn hyn. Felly derbyniwch ddiolch un sy'n deall, am gael tarfu ar rigolau cyfarwydd eich bywyd arferol.

Cyn i chi brotestio, gwn i chithau fwynhau'r

wythnos hefyd! Y mae yna bleser dihafal mewn dangos eich milltir sgwâr i ymwelydd, ond rhaid i minnau ddiolch am gael fy nhywys gennych i gerdded llwybrau 'penrhynion môr ac awyr' gyda chi a Shady'r ci. Bûm yn y pentrefi ac ar y traethau hynny fwy nag unwaith o'r blaen, ond dyma'r tro cyntaf imi gael eu gweld oddi uchod yn un gadwyn gyfan, fel gleiniau ar tsiaen. Bu i bob dydd ei brofiadau dymunol, ond yr oedd yna ddau uchafbwynt arbennig i'r wythnos i mi, a'r rheini'n rhai pur bersonol, na fynnwn fod wedi eu rhannu ond ag 'enaid hoff cytûn', yr un fath ag yn Fienna wedi'r holl flynyddoedd. Y cyntaf oedd cerdded o Bistyll, am y tro cyntaf erioed, i weld Ty'nrhos, lle ganwyd taid y plant yma. Nid anghofiaf fyth weld muriau'r hen fwthyn yn sefyll yn gadarn, er heb do, a'r cyrn simdde'n dal i bwyntio i fyny, fel pe baent am imi ddiystyru'r erwau llwm o'u cwmpas, a chadw fy llygaid ar ryw nod uwch. Yr oedd yr olygfa'n ogoneddus oddi yno ar noson braf o haf, y cwbl yn olau wrth edrych at y môr dros y gorwel, a'r murddyn ei hun yn ymddangos yn dywyll yn erbyn y mynydd-oedd y tu ôl iddo. Beth oedd teimladau'r teulu, tybed, wrth ymadael am fynydd y Cilgwyn, a'm tad yng nghyfraith yn ddim ond rhyw gwbyn? Gobeithio am well bywoliaeth yn y chwarel, mae'n debyg, ond nid heb gyfran fawr o hiraeth, mae'n bur siŵr, wrth adael cynefin a chydnabod. Yr oedd John yn llawer mwy ymwybodol o'i gysylltiad â Llŷn nag ydoedd â'r Cilgwyn, am i'w dad gadw mewn cysylltiad â'r tylwyth a arhosodd yno, ym Morfa Nefyn ac yn Aberdaron, ac iddo yntau dreulio'r unig wyliau a gawsai ym more'i oes, yn Ffatri Penycaerau. Ond ni safodd erioed wrth

Ty'nrhos, er iddo sôn mwy nag unwaith wrthoch chi amdano, ar ôl ichi ddweud y gwyddech yn iawn am yr hen le, a bod y muriau'n dal i sefyll. Ond erbyn i chi fynd yn ôl i Nefyn i fyw, yr oedd yn rhy hwyr iddo ystyried mynd mor bell oddi cartref.

Ond dyma fi wedi bod, ac wedi fy nghysylltu â darn o'm hetifeddiaeth yng nghyfraith! Cefais well syniad byth am amodau bywyd yn Nhy'nrhos wrth i chi fynd â mi i Dy'n-y-weirglodd, y bwthyn nesaf ato, oedd o'r union faint, a'r un cynllun, ond oedd yn dal yn gyfan a rhywun yn byw ynddo. Roedd gardd o flodau 'perta'r plwy' o'i flaen – nid bod unrhyw gystadleuaeth yn yr unigeddau hynny i'r rhosynnau mawr pinc henffasiwn, y pys pêr bychain piws, a'r lafant. Â'r un gwedduster, ni newidiwyd dim ar gynllun y tŷ oddi mewn, chwaith, fel y gwelais ar ôl i chi gnocio'r drws a derbyn croeso gwresog gan y perchennog, gweddw Rupert Davies, a gofir gan bawb fel 'Maigret'. Roedd hi'n dipyn o gymeriad, Julia – darn o Bohemia Llundain wedi ymgartrefu'n gwbl hapus yn unigeddau Llŷn. Yr oeddech yn hen gyfarwydd â hi, a'r ddwy ohonoch yn deall eich gilydd i'r dim, wedwn i. Felly y cefais gip ar ddull o fyw y werin wledig 'slawer dydd – y lle tân mawr, a'r aelwyd helaeth o'i gwmpas gyda'i lawr o gerrig mawr sgwâr, y ffenestri bychain, un ystafell fechan o'r neilltu, a'r groglofft; hawdd dychmygu sŵn a rali'r plant pan gyrhaeddent yno bob nos! Wrth fynd heibio Ty'nrhos ar ein ffordd yn ôl, a hithau'n hwyrhau, gwelwn y cyrn yn ddu yn erbyn y machlud, yn dal i bwyntio i'r entrychion, cystal â dweud, 'Maen nhw i gyd wedi mynd oddi yma; gwnewch chithau'n fawr o'r cyfle sydd ar ôl gennych.'

Y diwrnod ym Môn oedd yr uchafbwynt arall. Gwyddech na fyddai'n hawdd imi fentro yno am y tro cyntaf heb yr un a roddodd i mi fy nghysylltiad â'r ynys, ond gwyddech hefyd, o brofiad, mai da yw cael y troeon cyntaf anodd drosodd. O gam i gam yr arweiniwyd fi gennych. Cinio yn yr Anglesey Arms, gweld beth oedd gan Pringle i'w gynnig inni yn Llanfair, a'm holi yno onid oedd rhywrai eto yn Llangefni yr hoffwn eu gweld. A gorfod cyfaddef mor braf fyddai gweld Carol Grundy a ninnau'n dal i sgrifennu at ein gilydd. Nid braf i gyd oedd mynd ar hyd ffordd Glanhwfa, gan nodi nad oedd siop y Golden Eagle yn bod mwy, a gwaeth oedd pasio ysgol Penrallt, a'r ysgol sir gynt. Ond wedi canu cloch drws Carol yng Nghorn Hir, a'i chael hi gartref ac mor falch o'n gweld, torrwyd ar yr hiraeth am ddoe gan ddiolchgarwch am yr hyn sydd yn aros. Cyn pen chwinciad yr oedd y te bach neisaf ar y bwrdd, ac ar ôl gweld y ddwy ffrind drws nesaf nid oedd yn bosib imi feddwl am adael Môn heb fynd hefyd i Farian-glas!

Roedd yn hirddydd haf a'r tywydd yn braf, ac fe'm talwyd ar fy nghanfed am fentro. Cawsom groeso eithriadol, ac eto arferol, Gwilym a Nel (Hawes), a phrofi drachefn yr ymdeimlad o gyfeillgarwch sy'n parhau. Diflannodd yr ofn mai alltud y byddwn mwy o dir Môn! Gwn i chithau fwynhau'r dydd, Julia, ond does dim disgwyl i chi wybod mor fawr oedd y gymwynas a wnaethoch â mi'r diwrnod hwnnw. Ac nid anghofiaf yr olygfa ar ein ffordd yn ôl ar hyd heolydd Môn y noson euraid honno, a gweld holl fynyddoedd Arfon yn ymestyn o'n blaen yn fawreddog, ond nid yn fygythiol. Diwrnod i'w drysori ac i ddiolch amdano.

Mi gadwaf f'addewid i orffen y stori am Fienna, ac efallai Budapest hefyd, ond roedd yn rhaid imi gael cydnabod y ddyled hon eto yn gyntaf. A dyma ni wedi penderfynu'r wythnos diwethaf i fentro i Ffrainc ym mis Medi! 'Go dda, chi', a ddywedai ein dau John, rwy'n siŵr. Ond cyn hynny daw'r eisteddfod, ac yn union wedyn daw wyres Kosáry ataf am tua mis. Gyda llaw, roedd ef yn holi yn arw yn ei lythyr diwethaf am 'Mrs Julia', ac yn adnewyddu ei wahoddiad inni'n dwy fynd ato i'w 'place in the country' ar lan Llyn Balaton!

Pob hwyl felly, am y tro,
gan ddiolch eto, ac o galon,
Marian

VIII

Aberystwyth
12 Rhagfyr 1989

Annwyl Julia,

Rwy'n benderfynol o geisio gorffen y gyfres hon o lythyrau am Fienna cyn diwedd y flwyddyn, yn wir cyn y Nadolig, os medraf. A dweud y gwir, mae'n braf cael meddwl am rywbeth amgenach na'r paratoadau ar gyfer yr Ŵyl, pan nad oes neb ar yr aelwyd ond myfi. Fe ewch chi at Betsan, mi wn, ac y mae gennych chi wyrion sy'n gwneud y byd o wahaniaeth amser Nadolig. Mi af innau i lawr i'r De at fy modryb, a thra bydd hi yno, bydd gen i gysylltiad byw â'm cynefin, yn ogystal â thrysorau yn y cof.

Er cymaint a fwynheais ein gwyliau yn Ffrainc, yn arbennig cael gwireddu breuddwyd fu gennyf ers dyddiau coleg i weld cestyll y Loire, nid oedd i'w ddisgwyl y teimlwn i yno yr un wefr ag a deimlais yn Fienna, ac felly dychwelaf yno yn ddigon bodlon yn hyn o lith. Gorffen – fel y dechreuais mor annisgwyl – gyda'r Fischers, gan ymddiheuro am fynd ar draws Fienna i gyd cyn ateb eich cwestiwn ar ôl derbyn fy llythyr cyntaf, sef sut y deuthum i'w hadnabod yn y lle cyntaf. Pe bawn i'n gall, dyna fyddwn wedi ei wneud ar unwaith, ond gadewais i'm meddwl grwydro ac i'r atgofion lifo. Cystal i chi droi'n ôl at y llythyr cyntaf hwnnw, efallai, cyn darllen ymhellach!

Pan euthum allan i Fienna gyntaf daeth dwy ffrind gyda mi, ond ar bythefnos o wyliau yn unig yr oeddent hwy. Synnwn i ddim nad ar awgrym Mam y digwyddodd hyn, gan ei bod hi'n pryderu amdanaf yn mynd mor bell ar fy mhen fy hunan. (Buaswn yn yr Almaen ddwy flynedd ynghynt, ond gyda'm cyfnither o Lundain, ac yn rhan o barti o ferched o'r brifddinas.) Gwyddai Mam y byddai'r ddwy athrawes, Gwyneth a Ceinwen, yn arfer mynd i'r cyfandir bob haf – i Ffrainc yn bennaf, gan eu bod yn medru'r iaith. Yr oeddynt dros ddeng mlynedd yn hŷn na mi, ond roeddwn yn hoff o'r ddwy, a hwythau, siŵr o fod, ohonof innau. O leiaf, ni fu'n rhaid i Mam ddwyn dim perswâd arnynt; gwelent eu cyfle i fentro i Awstria gyda rhywun a fedrai Almaeneg. Yr oedd gan y ddwy syniadau rhamantus am Fienna, diolch i Johann Strauss a Jack Buchanan, a gan nad oedd yr un o'r ddwy wedi astudio Hanes yn rhan o'u cwrs gradd, yr oedd eu gwybodaeth am y lle yn seiliedig fwy neu lai ar ffilmiau fel *Congress Dances* a *Lilac Time*. Yr oedd y ddwy yn hoff o fiwsig a hefyd o ddawnsio. I mi yn bedair ar bymtheg oed, ymddangosent yn ffasiynol, smart a soffistigedig, ac roedd yn dda gennyf gael eu cwmni cyn imi setlo lawr i'm gwaith. Cytunodd Frau Rotter i'w lletya am y pythefnos, ac yn wir daethant ymlaen yn dda â hi, a'r tair yn mwynhau siarad Ffrangeg â'i gilydd. Yr oeddynt hefyd yn fwy cyfarwydd â bwydydd estron na mi, ac yn ei phlesio'n arw wrth glodfori'r paprica wedi'i stwffio, a'r *Rahmschnitzel*, yn union fel pe buasent wedi arfer eu bwyta erioed yn Aberdâr!

Eu hamcan oedd eu mwynhau eu hunain i'r

ymylon, a chyn hir dechreuasant holi i ble y gallent fynd – er heb bartneriaid – i ddawnsio. Wrth fynd o gwmpas fe'u siomwyd braidd nad oedd miwsig yn rhan o fywyd y tai coffi enwog ar y Ringstrasse. Cynigiodd Peter ar unwaith fynd â hwy i rai o glybiau nos y ddinas, ond brysiodd ei fam i awgrymu mai'r peth tebycaf i'r hyn a geisient oedd yn sicr y *Kursalon* yn y Stadtpark. Paham nad aem yno am dro y noson honno? Gan inni eisoes fwyta'n hwyrbryd, awgrymodd na fyddai angen mwy na choffi arnom, a gallem yfed bob o goffi allan ar y teras – a chymaint a fynnem o laseidiau o ddŵr ar ei ôl – gan wrando ar y gerddorfa a gwylio'r dawnswyr yn yr ardd islaw. Ac os mynnem ddawnsio, ychwanegodd Peter, yr oedd modd gofyn i'r *Oberkellner*, y pengweinydd, drefnu partner am dâl – y tro cyntaf imi erioed glywed defnyddio'r gair 'gigolo' fel term technegol! Wel, fe wyddem y ffordd i'r Stadtpark, gan gofio inni edmygu'r gofgolofn i Johann Strauss yno, yn chwifio'i ffidil ag arddeliad, ond gyda'r nos cawsom y lle wedi ei drawsnewid gan oleuadau o bob lliw, a sŵn miwsig y *waltz*. Fel y dynesem clywem y gerddorfa yn dechrau'r gân oedd mor boblogaidd drwy'r gorllewin i gyd ar y pryd, ac ymhle yn well i'w chlywed nag yn Fienna ei hun?!

> *Wien, Wien nur Du allein*
> *Sollst stets die Stadt*
> *Meiner Träume sein.*

Dilynasom y sŵn a'r golau i'r *Kursalon*, tŷ bwyta helaeth yn llawn ystafelloedd wedi eu goleuo, a bwytawyr porthiannus wrth y byrddau. Ond cadw at y teras a wnaethom ni, yn ôl cyfarwyddyd Frau Rotter,

106

gan edrych o'n cwmpas yn llawn edmygedd a chywreinrwydd nes cael ein harwain at un o'r amryw fyrddau yno (fel yr oeddem ninnau'n dwy i wneud hanner canrif wedyn, ar ôl bod ar lan y bedd yn Ottakring yn y prynhawn). Buom yn gwylio'r dawnswyr oddi tanom a'r llifoleuadau arnynt, nes i lygad Cein syrthio ar y cacennau lliwgar a gariai'r gweinyddion i fwrdd cyfagos. 'Mae'n fên ein bod yn gofyn am ddim ond coffi,' meddai, gan amneidio ar y gweinydd a'n hebryngodd ni i'r ford, i'w hysbysu y dymunem brofi'r teisennau mefus gyda'n coffi. Siaradodd hi yn Saesneg, ond yr oedd hwnnw, yn ei gôt â chwt, uwchlaw cymryd archebion gan neb. Galwodd atom weinydd a ffedog wen o'i flaen, un yn llawn sirioldeb ac yn siarad Saesneg da. Pan ddaeth â'r danteithion i ni, holodd am ein gwyliau yn Fienna ac ymhle roeddem yn aros, a phan gâi gyfle deuai yn ôl atom am frawddeg neu ddwy arall. Dechreuodd Gwyneth egluro inni ddod yno er mwyn cael gwrando ar y miwsig, a chyfle i ddawnsio hwyrach, yn fwy nag am y bwyd, ond fe'i gwysiwyd ef i ffwrdd gan y pen gweinydd urddasol yn ei siwt bol-deryn at y bwrdd nesaf atom, a sylwais mai Eidaleg a siaradai'n rhugl yno.

Pan ddychwelodd atom nesaf, gofynnais iddo pam nad oedd ef yn ben gweinydd fel y llall, ac yntau'n medru Saesneg ac Eidaleg. 'A Ffrangeg a Hwngareg,' ychwanegodd, 'ond rwy ddwy fodfedd yn rhy fyr,' meddai cyn diflannu at ryw ford arall. Pan ddaeth yn ei ôl, meddai, 'Mae gen i well syniad o lawer i chi nag aros yma, lle mae mor ddrud, ond ffeindiaf i fechgyn neis i chi i gael un ddawns yr un. Ond gadewch chi'r talu i mi.' Dywedais wrtho mewn Almaeneg nad oeddwn i ddim am ddawnsio, y byddwn wrth fy modd yn eistedd yno a gwylio'r lleill wrthi, a phan ddaeth dau ŵr ifanc, digon trwsiadus a bonheddig, i arwain fy ffrindiau i lawr i'r ardd, daeth ein gweinydd cyfeillgar yn ôl ataf â choffi arall, 'ar y tŷ'. Eglurodd i mi nad yn y *Kursalon* oedd clywed gwir fiwsig Fienna; rhywbeth ar gyfer estronwyr ariannog a gaed yno. Dylem ni fynd i *Heurige*, lle'r âi'r werin, y *Volk*, i wrando ac i ymuno i ganu gwir ganeuon a dawnsfeydd Fienna. Holodd fi ymhle y dysgais Almaeneg, ac eglurais 'mod i yno i astudio, tra bo fy ffrindiau, athrawesau ar eu gwyliau, yno am amser byr yn unig. Yna fe'i gwysiwyd ef i ffwrdd ar alwad bord arall, a throais innau i wylio fy ffrindiau yn cael eu chwyrlïo o gwmpas yn y dull henffasiwn, neu'n hytrach, draddodiadol, o ddawnsio'r walts.

Gwyliais hefyd hen wreigan yn mynd o fwrdd i fwrdd yn gwerthu pwysi bychain o flodau, a llawer i ŵr yn prynu i'w gymar. Pan welais hi'n nesáu at fy mwrdd i, ceisiais ei chwifio draw, gan ysgwyd fy mhen, ond estynnodd imi dusw bach o'r rhosynnau bychain coch perffeithiaf imi eu gweld erioed, a phenderfynais eu prynu, ond pan estynnais am fy mhwrs, dywedodd nad oedd angen i mi ei thalu amdanynt, ac amneidiodd at y gweinydd cyfeillgar a wenai o glust i glust mewn cydsyniad. Er mawr syndod i mi gosododd y wreigan ddau dusw arall ar y bwrdd ar gyfer fy ffrindiau, a welwn yn dychwelyd i'w seddau wrth i'r gerddorfa ddechrau chwarae 'Dancing Cheek to Cheek', er mawr foddhad y lliaws o Americanwyr ar y teras. 'Sut ŷm ni'n mynd i dalu am hyn oll – y *gigolos*, a nawr y blodau?' holodd Cein, ond chwerthin oeddem ein tair wrth feddwl am y fath anturiaethau annisgwyl a ddaeth i'n rhan. 'Mi fydd i gyd i lawr ar y bil am y coffi a'r cacs!' meddai Gwyneth. Ond na, pan ddaeth y bil, nid oedd sôn am ddim ond coffi yr un (er i mi gael dwy!) a'r tartennau mefus. Felly dyma ofyn iddo'n syth beth oedd yn ei feddwl, a dyna pryd y clywsom fel y bu'n gweithio yn Llundain cyn y rhyfel, ac am Nora, ei gariad coll, y daliai i'w charu serch bod ganddo wraig dda erbyn hyn. Dim ond 'a sentimental vote of thanks for bringing back memories of England' oedd y sylw a gawsom ni ganddo. Ond os mynnem roi mwy o bleser iddo, byddai'n gorffen gweithio am ddeg o'r gloch ac fe hoffai fynd â ni i fan lle clywem wir fiwsig Fienna. A chyda hynny galwyd ef at ei orchwylion drachefn.

Dim ond rhyw chwarter awr oedd yna cyn y byddai'n ddeg o'r gloch. 'Beth am ffoi ar unwaith?' awgrymais, ond meddai Cein, 'Ry'm ni'n dair; byddwn ni'n ddigon saff, a gall Marian siarad *German* os awn i rywle amheus!' Cytunodd Gwyneth, gan ychwanegu, wrth arogli ei rhosynnau bach, na fedrem fod mor anghwrtais â diflannu heb yr un gair! Felly cytunasom i aros amdano wrth y gât, toc wedi deg. Pan ddaeth ef atom, dywedodd iddo ordro tacsi i fynd â ni i'r Prater, lle tebyg i Hyde Park. Ond wedi cyrraedd aeth â ni i'r Wurstel–Prater, y gongl sy'n llawn difyrrwch ffair, nid ein syniad ni o fiwsig Fienna, fel y cafodd wybod gennym, a chyffrowyd ein hamheuon ohono. Ond oddi yno fe gaem y tram i Ottakring, meddai, i *Heurige* yno. Ni wyddwn i'r pryd hwnnw ymhle yn y byd oedd Ottakring, ac o glywed ei fod y tu hwnt i'r *Gürtel*, gwyddwn ei fod yn un o'r maestrefi allanol, cryn ffordd o ganol y ddinas. Sut yn y byd, gofynnais iddo, y dychwelem oddi yno ganol nos i'r Rathausstrasse? Pan eglurais hyn yn Gymraeg i'm ffrindiau, tro Rudolf – fel yr oedd wedi ein gorchymyn i'w alw – ydoedd i'n hamau ni. Felly eglurwyd iddo mai Cymry oeddem, a thybiais y collem ein swyn iddo gan mai Saesnes bur oedd Nora, y cariad coll. Ond na, deallai nawr pam roeddem am glywed cerddoriaeth! Gadawodd canu corawl Cymraeg gryn argraff arno pan oedd yn Llundain! Ac oni chyfarfu, pan yn stiward ar y leinars mawr, â sawl tenor Cymraeg yn mordeithio i'r Unol Daleithiau i ganu? Roedd yn anodd peidio â chynhesu ato, a thawelodd ein hofnau ynglŷn â dychwelyd i'r ddinas pan eglurodd iddo drefnu eisoes gyda'r gyrrwr tacsi a ddaeth â ni i'r Prater, i'n cyrchu adref o Ottakring ychydig wedi hanner nos.

I dawelu'n hofnau ymhellach, dywedodd ei fod am ffonio'i wraig i ddod i'n cyfarfod yn y Zehner Marie, sef *Heurige* nid nepell o'u cartref. 'Fedrwn ni ddim cael ein traed yn rhydd bellach; cystal i ni enjoio', oedd barn Cein, a phan ddaeth Rudolf yn ôl, y cwbl a ofynnodd Gwyneth iddo oedd faint fyddai'r gost. 'We haven't even paid for our dancing partners yet,' ychwanegodd. 'We all help each other in our business – the flowers, the taxi, we all understand each other,' atebodd yntau'n ddidaro, gan chwifio'i sigâr.

Cerddasom o'r parc i'r tram. Ynddo fe'n rhuthrwyd yn gyflym ac yn swnllyd heibio'r strydoedd cyfarwydd, yna ar hyd heolydd hir, dieithr, gan stopio yma ac acw. Yr oedd y tram yn reit lawn, a bu'n rhaid i Rudolf sefyll. Siaradai â rhyw ŵr tal a chanddo het werdd a phluen ynddi, a salami hir yn pipio allan o'i bapur o dan ei fraich. Gwyddwn fod Rudolf yn sôn amdanom ni, 'Englische Damen', a chlywais y geiriau Zehner Marie eto. Ymddangosai'r dyn yn drist braidd, ond er ein syndod, cyn iddo ddisgyn o'r tram, daeth i ysgwyd llaw â ni'n tair, fel pe baem yn hen ffrindiau! Holais Rudolf pam yr oedd ei ffrind mor drist. Ffrind? Ni welsai'r gŵr erioed o'r blaen! Ond dywedodd ei fod ar ei ffordd adref at ei wraig i ddathlu pen blwydd eu priodas, y tro cyntaf heb neb o'r plant gartref; efallai mai dyna pam yr oedd e'n bruddaidd. Roedd Rudolf wedi ei wahodd i ymuno â ni yn y Zehner Marie, ond credai i'w wraig eisoes baratoi rhyw bryd sbesial iddynt, na ellid ei wastraffu.

Syndod oedd clywed ymhen tipyn inni gyrraedd pen y daith; roeddwn i wedi mynd i gredu na ddeuai'r siwrne honno fyth i ben, a heb syniad yn y byd beth a'n harhosai nesaf! O'r pafin edrychai'r Zehner Marie fel unrhyw le bwyta arall ar ganol stryd lydan gydag adeiladau tal, llwyd ar bob llaw, yn debyg i'r holl strydoedd eraill a welsom ar ôl croesi'r *Gürtel*, sef y ffordd gylchynol oedd yn cyfateb yn y maestrefi i'r Ringstrasse, ond mor wahanol ei golwg i'r stryd fawreddog honno! Siopau i wasanaethu anghenion trigolion yr ardal – groser, cigydd, dillad-bob-dydd, nwyddau i'r tŷ – a welwn yma, ac ambell wraig yn pwyso allan o ffenestr uwchben i wylio'r byd yn mynd heibio. Nid oedd y Zehner Marie yn yr un byd â'r *Kursalon* chwaith, nag â chartref Frau Rotter. 'Gwell inni anghofio am Gymru a Chwm-twrch!' meddai Cein.

Y tu mewn hefyd yr oedd fel unrhyw dŷ bwyta prysur, gyda merched tew yn y wisg draddodiadol yn symud yn gyflym rhwng y byrddau, heb dalu dim sylw i'r tair merch ddieithr a deimlai'n lletchwith yn eu ffrogiau sidan ffasiynol. Yr oedd Rudolf nid yn unig wedi'n gadael er mwyn mynd i gyfarch rhyw hen ŵr a ffidil yn ei law, ond fe sylwais hefyd ei fod yn siarad ag ef yn y dafodiaith leol. Ni welwn argoel o'r wraig a'r mab, ond ymhen ychydig cyflwynodd Rudolf y gŵr â'r fiolín i ni fel ei frawd hynaf, Franz. Mewn Almaeneg safonol araf, cyfarchodd Franz ni'n gwrtais gan gusanu ein dwylo. Na, nid oedd yn rhan o'r *Schrammel Trio*, ond daeth â'i ffidil i gael ymuno yn y miwsig. Eglurodd ei fod ef i'n harwain i'r ardd, at weddill y cwmni. Dilynasom ef tra bo Rudolf yn cael gair gyda'r perchennog. Nid oedd yn ardd fawr. Caewyd hi i mewn gan berth brifet, ond yr oedd dwy oleander, un wen ac un binc, mewn tybiau, bob ochr i'r drws. Gyferbyn yr oedd piano, chwaraewr acordion a ffidlwr, sef y *Schrammel Trio*, ac aeth Franz atynt, gan nid yn unig ysgwyd llaw ond gafael am bob un yn wresog.

Yr oedd dwy ford hir, un bob ochr, ac un arall, fer, ar draws y cefn – yn union fel y trefnem y festri ar gyfer parti ysgol Sul, ond dyna'r unig debygrwydd! Yr oedd cwmnïwyr llawen eisoes wrth y byrddau, ond gwelem Rudolf a'r perchen yn eu haildrefnu fel bod un bwrdd yn rhydd i ni gael eistedd gyda'n gilydd, yn ymyl y fenyw swil, wenog a gyflwynodd i ni fel ei wraig, Anna, a nesaf ati eu bachgen trwsiadus, Walter. Gwnaeth Anna ei gorau i'n cyfarch mewn Almaeneg safonol, anghyfarwydd iddi, ond yr oedd Almaeneg

Walter yn berffaith. Yn ei *knickerbockers* brethyn, crys glas golau a dici bo, yr oedd yn eitha dandi, ac roedd hi'n anodd credu nad oedd ond prin un ar bymtheg oed – nes ei fod am gael rhywbeth, ac yna siaradai â'i rieni â rhyw dinc cwynfanllyd i'w dafodiaith. Yr oedd yn amlwg i mi o'r funud gyntaf iddynt ei ddifetha'n lân. Gwisgai Anna ffrog *rayon* ffasiynol, ond roedd ei chwaer, Roserl, yn ei hymyl, mewn *Dirndl* a siôl. Gyda hi roedd ei gŵr, Ernst, nad oedd yn llawer i edrych arno, ond eglurwyd i ni yn ystod y nos ei fod 'wedi cael addysg'; gweithiai yn Swyddfa'r Post.

Yr oedd dwy fasged wellt wedi'u gorchuddio â llieiniau gwyn ar y bwrdd o flaen y ddwy wraig, ac yn awr dechreuasant wacáu eu cynnwys i'r llieiniau hynny, ar y bwrdd di-liain – torth ryg fawr, llawn hadau carwe wrth gwrs, pot o fenyn a salami mawr o fasged Roserl, tra daeth darn mawr o gig moch amrwd, er wedi eu fygu, o fasged Anna. Ni ddisgwylient brynu mwy na gwin yn yr ardd. Ni ddarparwyd platiau na chyllyll na ffyrc ar ein cyfer; barnent fod y byrddau wedi eu sgwrio'n ddigon glân, ac i fysedd gael eu gwneud cyn ffyrc! Archebwyd gwin Gumpoldskirchen gan Rudolf, ac un Vöslau gan Ernst. Gadawyd Franz i dalu am win newydd y tŷ, sef yr *Heuriger*, a thywalltwyd hwnnw i gawg fawr, gan ychwanegu eirin gwlanog iddo o dro i dro – rhag inni feddwi! Nid oedd eisiau bwyd arnom ni'n tair, ond cymhellwyd ni i fwyta gan Anna a Roserl, eto rhag meddwi! Bu'r pianydd wrthi'n ddyfal ar hyd yr amser, tra symudai'r crythor a'r canwr acordion o fwrdd i fwrdd i serenadu'r gwesteion â'u dewis gân. Ond y funud y denodd Rudolf hwy at ein bwrdd ni, a Franz yn eu plith, pwy a welem yn dynesu atom ond ein cyfaill o'r tram, erbyn hyn mewn trowser lledr, galasus blodeuog, ac wedi newid y bluen yn ei het am y brws mwyaf a welais ar het unrhyw *Tiroler!* Yn dynn wrth ei sodlau dilynai gwraig fawr radlon, ei gwallt cyrliog golau yn mynnu dianc o'r blethen dew a goronai ei phen, a diferion chwys yn disgleirio ar ei thalcen. Hi – wrth gwrs – a gariai'r fasged wellt fawr, a phan agorodd hi, wedi'r cyflwyniadau, datguddiwyd gŵydd dew gyda defnynnau o fraster yn rhedeg ohoni, yn dal yn gynnes a'i harogl yn fendigedig! Cofiwch fod y ddau yn gwbl ddieithr i'r cwmni, ond wedi eglurhad gan Rudolf, rhoddwyd croeso iddynt gan bawb, gan gynnwys gwraig y perchennog, ac ar ôl clywed ei fod yn ben blwydd priodas, daeth hi â dysgl fawr i ddal yr ŵydd. Helpodd i'w thorri, a rhoddwyd sleisys helaeth ohoni ar dafellau o fara i bob bwrdd, nid yn unig i'n hun ni.

Yr oedd Resi (byr am 'Theresia') mor hawddgar â'i golwg, a'r unig felltith oedd y sigârs drewllyd a ysmygai ei gŵr, Ludwig – rhai hir, main, a gwelltyn drwyddynt. Galwai ef hwy yn 'Vatschina', a chlywais eraill wedyn yn arfer yr enw hwnnw, ond eglurodd Rudolf imi rywdro, mai llygriad o 'Virginia' ydoedd; yn sicr doedd eu harogl yn ddim byd tebyg i'r rhai Havana a ysmygai fy nhad a'i ffrindiau ambell Nadolig. Yn anffodus yr oedd Ludwig Popp o natur hael, a gwerthfawrogwyd ei Vatschina gan Franz ac Ernst, er i Rudolf eu gwrthod ar ôl sylwi sut y troiem ni ein trwynau arnynt!

Ond nid oedd y parti eto'n gyflawn. Daeth dau weinydd ifanc o'r *Kursalon* atom ar ôl gorffen eu shifft, sef Aloïs a Lorenz, a hefyd, er mawr ryddhad i mi, y gyrrwr tacsi! Ac nid cadw'i air yn unig a wnaeth Rudolf, ond daeth gyda ni yn y tacsi at ddrws tŷ Frau Rotter, i wneud yn siŵr y byddai'r *Hausmeister* yn agor i ni, a hithau erbyn hynny'n doriad gwawr! Gwrthododd yn bendant â gadael inni dalu'r un ddimai am y tacsi na'r gwin na dim!

Penderfynasom fynd i'r *Kursalon* eto i ordro pryd iawn o fwyd, fel y gallem o leiaf roi cildwrn da iddo, ond pan welodd ef ni, a chlywed ein bwriad, gwrthododd adael inni archebu dim ond coffi, a ffoniodd ei wraig fel cynt i ddod i'n cyfarfod, ond y tro yma i Grinzing. Daeth yr hen wreigan â'i blodau i ni eto, syclamenau bychain gwyllt y tro hwn. Ni fynnai fy ffrindiau ddawnsio'r noson honno, ac am ddeg o'r gloch aethom gyda Rudolf yn y tacsi i Grinzing, a dilynwyd ni yno gan y ddau gyd-weinydd; roedd Anna, Roserl, Franz ac Ernst yno yn ein disgwyl gyda'r bwyd. Y tro hwn roeddem wedi prynu rhyw fân anrhegion iddynt, ond ni chawsom dalu am ddim byd mwy na chyfraniad at y tacsi, a hynny am fod Grinzing y tu allan i'r ddinas. Ni chymerai'r gwragedd ddim diddordeb yn y talu, ond cesglais i, a'm gwybodaeth o'r *Dialekt* yn cynyddu, fod Rudolf yn gweld cyfraniad Ernst yn fach, a phris y tacsi'n uchel!

Prif ofid Anna y noson honno oedd y byddwn i'n teimlo'n unig wedi i'm ffrindiau fynd adref yr wythnos ddilynol, ac yr oedd am fy sicrhau y cawn bob amser groeso ganddi hi yn ei chartref. Efallai y byddai'n well imi fynd yno ar bnawn Gwener, pan fyddai Rudolf gartref, nes inni ddod yn fwy cyfarwydd ag iaith ein gilydd. Cofiaf ffeindio fy ffordd i'w fflat am y tro cyntaf, a chael tipyn o syndod bod un a gwaith cyson ganddo yn byw mewn amgylchiadau mor gyfyng. Gwelsoch yr adeilad, Julia, ond ni chawsom fynediad i'r un o'r fflatiau. Ceisiais egluro i chi mor fach oedd fflat y Fischers – un ystafell i fyw a chysgu ynddi, y gwely dwbl anferth, a gwely sengl Walter, yn yr un ystafell, wardrob fawr, a bwrdd i dri wrth y ffenest hir a agorai ar falconi gweddol helaeth. Wrth gwrs, mynnai'r stôf ei lle, ac er ei bod yn llai na f'un i yn nhŷ Frau Rotter, yr oedd yn un sylweddol. Roedd cegin bitw wrth y drws, ac iddi gwasgwyd ffwrn drydan, trysor mawr Anna, ac arno paratoai brydau llawn mor flasus â rhai Betty. Yr oedd popeth yn lân fel pin, er bod rhaid cario pob diferyn o ddŵr o'r landin, a golchi'r llestri mewn padell enamel ar fwrdd bach cul.

Fflat o'r un cynllun oedd gan Roserl, mewn stryd gyfagos, ond ystafelloedd tywyllach am nad oeddynt yn edrych allan ar sgwâr, a heb falconi. Deallwn fod cyfleusterau i olchi a sychu dillad ar lawr gwaelod yr adeiladau hyn, a agorai allan ar glos – llain werdd yn lle Anna – a bod amserau penodedig i bob tenant eu defnyddio. Dyma oedd patrwm byw eu dosbarth hwy yn y maestrefi. Yr oedd chwaer hynaf Anna, Kati, a'i theulu, wedi eu symud yn ddiweddar i dŷ bychan a gardd o'i flaen, ymhellach allan o'r ddinas, mewn *Siedlung*, sef treflan a gynlluniwyd gan y Cyngor Dinesig, ger Ober St. Veit, ac yr oedd hwnnw'n fy nharo i yn welliant mawr, ond wrth gwrs yr oedd yn bellach i deithio 'nôl ac ymlaen i'r ddinas oddi yno. Garddwr yn gweithio yn lleol oedd ei gŵr, ac yr oedd ganddi bedwar o blant.

116

Cofiaf eich awydd i weld y blociau newydd o fflatiau a godwyd i'r dosbarth gweithiol gan 'Gyngor Coch' Dinas Fienna yn y dauddegau, ac inni fynd i Heiligenstadt i weld y Karl Marx Hof, un o'r enwocaf ohonynt. Bu hwn yn ganolbwynt ymladd chwyrn yn ystod cynyrfiadau rhwng y Sosialwyr a llywodraeth Dollfuss, ac ymosododd milwyr y llywodraeth, yr Heimwehr, arno â magnelau yn Chwefror 1934.

Yr oedd yr adeilad hwn, fel y tai eraill a godwyd gan Gyngor Fienna i'r gweithwyr, yn nodedig iawn yn ei ddydd, gyda chyfleusterau trydan i goginio a golchi, yn ogystal â gerddi a llyfrgell, ac ystafelloedd chwarae i'r plant. Cynlluniwyd hwy i adael cymaint o olau â phosibl i'r ystafelloedd, ac yr oedd eu pensaernïaeth ddiaddurn yn taro'u cyfoeswyr yn annerbyniol o blaen, yn arwydd i geidwadwyr mai chwyldroadwyr oedd yn hoffi byw ynddynt. Cael eich siomi wnaethoch chithau, yntefe? Ond yn sicr roeddynt yn welliant ar gartrefi'r mwyafrif o weithwyr mewn ardaloedd fel Ottakring. Hawdd deall rhan mor bwysig oedd i'r tai coffi a'r parciau fel mannau cyfarfod pan oedd y cartrefi mor gyfyng – heb sôn am le fel y Zehner Marie am noson lawen.

Rhyfeddwn, serch hynny, weld Rudolf yn medru byw bywyd mor anghymhleth mewn dau fyd mor wahanol, gan weini ar gyfoethogion byd ffasiynol â chwrteisi, ac yna dod adref yn ddirwgnach i'r fflat gyfyng. Yr oedd yn ymwybodol o anghyfiawnder, wrth gwrs, ond ar y cyfan ni wnâi ond codi ei ysgwyddau a dweud 'Da kann man nix machen' ('Allwn ni wneud dim'). Cystal gwneud y gorau o bethau; 'Man ist so lang tot' ('Mor hir y byddwn yn y bedd').

Mewn gair, plentyn Fienna oedd Rudolf yn anad dim, a'i ddau fyd yn agweddau ar fywyd y ddinas a garai'n angerddol. Ymfalchïai yn ei fagwraeth yn Ottakring, yr ardal o'r ddinas lle trigai'r ganran uchaf o'r dosbarth gweithiol, a'r un a ddanfonodd gynrychiolydd Gwerin Sosialaidd i'r senedd ymerodraethol ac i gyngor y ddinas. Karl Seitz oedd ei arwr mawr, maer Fienna nes i Dollfuss ei ddiswyddo. Daliai Rudolf i'w gyfrif ei hun yn aelod o'r Blaid Weriniaethol Sosialaidd a waharddwyd, a dangosodd imi ei fathodyn – ar ôl fy siarsio i beidio â dweud wrth Anna ei fod yn dal yn ei feddiant! Eto i gyd, prin fod ei ymlyniad yn fwy na mater o deimlad.

Dysgodd ei grefft fel gweinydd yn nydd a thraddodiad yr hen Fienna, ac adlewyrchai ei feistrolaeth ar ieithoedd amgylchiadau'r hen ymerodraeth amlieithog, a phwysigrwydd ei phrifddinas fel man cyfarfod mawrion byd. Yr oedd yn gyfuniad o grebwyll cynhenid a disgyblaeth a hyfforddiant tair blynedd mewn ysgol ramadeg. Ond er crwydro'r byd cyn ac ar ôl y Rhyfel Mawr, arhosodd yn blentyn Fienna, ac er iddo ddilorni'r Vaterländische Front a'r Clerigwyr yn gyson, mewn gwirionedd Fienna a'i diwylliant a hawliai ei deyrngarwch yn gyfan gwbl, gan lenwi ei fryd.

Oherwydd i Rudolf weld fy mod innau wedi ffoli ar y ddinas, fe'm derbyniodd fel un ohonynt, ac fe aeth â mi hyd yn oed i'r eglwys goffa i Seipel a Dollfuss a godwyd nid nepell o'i gartref. Wedi egluro i'r gofalwr clerigol yno 'mod i'n hanesydd o Lundain yn gweithio yn y Bundeskanzleramt, cefais i ac yntau ddisgyn i'r gladdgell lle gorweddai'r ddau wron a gaseid gan

Rudolf â'i holl galon – Monsignor Seipel ac Engelbert Dollfuss. Roedd lampau coch yn llosgi o'u cwmpas, a thybiwn ar y pryd y byddent yn tywynnu arnynt hyd dragwyddoldeb, ond wedi'r *Anschluss* lluchiwyd eu cyrff i afon Donaw, a llosgwyd yr eglwys i'r llawr. Dyna, o leiaf, a ddarllenais yn y *Times* ar y pryd, ac ni thrafferthais fynd â chi i weld a oes yno gofnod erbyn hyn – rhy fyr oedd y gwyliau, Julia fach!

Daeth f'ymweliadau brynhawn Gwener yn drefn na thorrwyd arni weddill fy nyddiau yn Fienna, y ddau dro. Awn yno tua thri o'r gloch, wedi dweud wrth Frau Rotter na fyddwn i mewn i swper; mae'n debyg iddi feddwl 'mod i'n mynd at Ella a Thekla, ond ni ddywedais wrthynt hwythau chwaith i ble yr awn ar nos Wener. Sylweddolwn na fyddai neb ohonynt yn hapus yng nghwmni'r Fischers, mwy nag y byddai Anna a Roserl yn gyfforddus gyda hwythau. Byddai Felix wedi mwynhau eu cwmni, mae'n siŵr, ond ofnwn na fyddai cylch y Fischers am groesawu Iddew. Felly fe'u cedwais ar wahân, gan ryfeddu a diolch i ffawd, am roi imi'r cyfle i ddod i adnabod y fath groesdoriad o boblogaeth y ddinas ryfeddol honno.

Gyda'r Fischers yr euthum gyntaf i Heiligenkreuz. Yr oedd gan Anna frawd mewn sanatoriwm ym Mayerling, ac un pnawn Gwener llogodd Rudolf y tacsi arferol i fynd â ni yno. (Yr oedd Ottakring yn ardal â chyfran uchel o ddioddefwyr T.B.) Yr oedd Schweizer, gyrrwr y tacsi, yn barod iawn i eistedd faint a fynnid yn y *Stiftskeller* (seler yr abaty) yn Heiligenkreuz, dim ond iddo gael cig a gwin, a thra bod Anna a Roserl yn ymweld â'r claf, dangosodd Rudolf fi o gwmpas yr abaty – a chyda thipyn mwy o

Anna a Marian wrth y bwrdd te

Rudolf, y gyrrwr tacsi, a'r tair Cymraes

flas, adroddodd ym Mayerling yr holl ddamcaniaethau am y tywysog coronog yr enwyd ef ar ei ôl. Bron yn ddamweinol y clywais gan y teulu i Schweizer fod yn *chauffeur* i'r archddug anffodus a laddwyd yn Sarajevo, a'i fod yn dal i dderbyn pensiwn am ei wasanaeth iddo. Ond er imi wasgu arno, roedd hi'n amlwg nad oedd gan Schweizer fawr o ddiddordeb yn y gŵr hwnnw mwyach, na dim i'w gyfrannu at fy ngwybodaeth, ond ar ôl llawer o holi, cydnabu fod gwraig yr archddug yn *ganz nett* (reit neis), clod na chlywais iddo'i roi i neb arall erioed! Roedd hynny y tro yr aeth â ni i Artstetten i mi gael sefyll wrth fedd y *Thronfolger* (etifedd yr orsedd), fel y cyfeiriai Frau R. at Franz Ferdinand bob amser. Ar yr adegau pan fyddai Schweizer wedi aros yn rhy hir amdanom mewn rhyw *Keller*, teimlwn na fyddai oes yr archddug wedi para llawer yn hwy beth bynnag, a hwn yn *chauffeur* iddo!

Wel, Julia, dyma fi wedi cyflawni fy addewid. Roeddwn yn amharod i roi'r manylion hyn i lawr ar bapur ar y pryd. Ni fyddai wedi gwneud y tro i syfrdanu fy nghysylltiadau Piwritanaidd, ond yn fwy na hynny, er bod y ddwy bartneres ar gael am flynyddoedd i ategu fy ngeirwiredd, ofnwn y byddai rhai yn meddwl 'mod i'n 'ymestyn' – wedi darllen *Autumn Crocus* a'i debyg, efallai. Ond ar ôl bod gyda mi yn y tŷ yn Akkonplatz, ac ar lan y bedd yn Ottakring, ac wedyn yn y *Kursalon* y noson honno, pan ddaeth y gweinydd ifanc – yr adroddais iddo beth o'm stori – â'r *Schnitzel* i mi, gan ymddiheuro iddo gymryd mor hir – sef hanner canrif – i'w baratoi, gwn na fyddwch *chi'n* meddwl 'mod i'n gorliwio! Gwn hefyd y deellwch pam y teimlais fod gen i fusnes anorffen yn

121

Fienna. Yr oeddwn am weld y ddinas eto yn ei ffurf bresennol, ac am wybod beth a ddaeth o Anna a Walter. Bellach mae pob un o'r amryw bobl y deuthum i'w hadnabod yno mor dda wedi mynd, a minnau yn unig a adawyd. Yr oedd yn bryd imi roi eu hanes i lawr. Mawr yw fy nyled iddynt oll, ac i chithau, Julia, am ddod gyda fi bob cam, ac am ddeall.

Pob bendith,
Marian

IX

Aberystwyth
20 Rhagfyr 1989

Annwyl Julia,

Dyna fi wedi gorffen y gyfres ar Fienna cyn diwedd y flwyddyn, ond mae cymaint o bethau cyffrous yn digwydd y dyddiau hyn fel y credaf y dylwn frysio i orffen y sylwadau am Budapest y gofynsoch amdanynt, cyn i bopeth newid yn llwyr yn y rhan honno o'r byd!

Am f'ymweliad cyntaf â'r lle roeddech yn holi, gan gofio imi ddweud, ar ôl inni gyrraedd ein gwesty yn Buda – a chithau'n gwirioni ar yr olygfa oddi yno – mai'r ffordd orau i weld y ddinas yn ei gogoniant oedd dod ati ar yr afon wrth iddi nosi. Yna caech weld yr holl bontydd wedi eu goleuo, a gyda'r llifoleuadau ar y castell ar y bryn ac ar y senedd-dy ar y lan yr ochr draw, ymddengys y cwbl fel llun mewn rhyw lyfr storïau am y Tylwyth Teg! Ie, cyfeirio at yr olwg gyntaf a gefais ar y ddinas oeddwn, darlun sy'n dal yn glir yn fy meddwl. Wedi'r daith hir drwy'r dydd ar y bad o Fienna, roedd y cipolwg ar fyd o hud a lledrith yn wir wobr, a'r gobaith y caem ei archwilio'n fanwl drannoeth yn ein cyffroi cymaint â phe baem yn blant eto.

Digon anniddorol oedd dechrau'r siwrne, hyd yn oed ar ôl gadael yr harbwr a'i geriach a'r warysau; tir fflat, undonog oedd bob ochr i'r afon lydan, a dim i'w weld ar ei glannau ond rhesi o goed helyg wedi eu tocio – dim byd tebyg i'r daith trwy'r Wachau. Cofiaf eich siom o sylweddoli nad oedd Fienna ar y Donaw ei hun, ac mai camlas yn cysylltu'r ddinas â'r afon a redai drwy ei chanol. Dros y *Kanal* hwnnw un noson y buom yn syllu ar gartref Johann Strauss gynt – ar y McDonald's newydd erbyn hyn! Afon i'w hofni oedd y Donaw i drigolion yr ardaloedd isel ar ei glan 'slawer dydd, yn enwedig ar ddechrau'r flwyddyn pan fyddai'r afon yn gorlifo'i glannau ac yn difrodi'r cwbl. Mae'n siŵr fod pethau dan well reolaeth erbyn hyn. Yn wir, mae'r maes awyr yn Schwechat a'r ganolfan newydd (hynny yw, newydd i mi!) o swyddfeydd rhyngwladol, yn ogystal â maestrefi newydd, wedi eu datblygu ar ochr ddeheuol y ddinas, ac ehangwyd yr hen faestrefi i gynnwys ystadau newydd o dai, rhai ohonynt yn rhai chwaethus iawn. Ar y llaw arall, y peth cyntaf y sylwir arno yn Budapest yw'r Donaw ei hun, yn llifo drwy ganol y ddinas. Ond nid yw hi'n las yno hyd yn oed! Pan soniais am hyn wrth Felix rywdro yn Klosterneuburg (pentref oedd ar ei glan), dywedodd nad yw'r Donaw yn las ond i'r sawl sy mewn cariad!

Fe gofiwch i mi benderfynu mynd i Budapest yn 1936, ar ôl clywed na fyddai'r dogfennau yn barod imi yn yr Archifdy am bedwar diwrnod, ac felly ymunais â Gwyneth a Ceinwen ar y daith i brifddinas Hwngari a drefnwyd iddynt gan Cook's yn Fienna. Taith pedwar diwrnod oedd honno, gan fynd i lawr ar yr afon a dychwelyd gyda'r trên; caem aros yng ngwesty'r Pannonia, Stryd Rácoczy, a *courier* Cook's yn ein disgwyl oddi ar y llong ac yn mynd â ni yno. Gan nad oedd gennyf ond ychydig o eiriau – y rhai gwir hanfodol – yn y Fagyareg, a dim llawer o grap ar sut i'w hynganu, teimlwn imi gael fy rhyddhau o'm cyfrifoldeb arferol am fy nwy ffrind, ac edrychwn ymlaen at eu dilyn ar y math o wyliau yr arferent hwy eu mwynhau ar y cyfandir.

Llong Hwngaraidd oedd yn ein cludo, a'r holl gyfarwyddiadau arni yn y Fagyareg yn unig, er bod y criw yn medru Almaeneg. Roeddem wedi cael brechdanau gan Frau Rotter, digon i bara'r siwrne, ond ni lwyddasom i brynu dim i'w yfed gan nad oedd arian Hwngaraidd gennym; fe'n sicrhawyd y caem gyfle i gyfnewid arian yn y dref gyntaf wedi croesi'r ffin, yn Esztergom. Cyn hynny cyraeddasom dref fawr a golwg ddiddorol arni, sef Bratislava, ond gan ei bod yn nhiriogaeth Tsiecoslofacia, ni chaem lanio yno, er inni aros yno dipyn o amser i ddadlwytho nwyddau. Ymlaen â ni felly, yn bur sychedig yn y gwres, i Esztergom.

Nid yn unig y *caem* ddisgyn yno, ond yr oedd yn *rhaid* gwneud hynny, i gael stampio'n pasports yn ogystal â chyfnewid arian, a'r cwbl ar dipyn o frys. Cofiaf i wraig ifanc o'r Ffindir ofyn imi yn Saesneg, ar ôl sylwi ar fy mhasport Prydeinig, a wnawn i ei helpu i newid ei harian. Dywedais wrthi 'mod i'n gobeithio gwneud y fusnes drwy'r Saesneg, onide drwy'r Almaeneg, gan na fedrwn Hwngareg. Roedd y swyddog eisoes wedi dweud wrthi na fedrai ef Saesneg, na chwaith y Swedeg na'r Ffinneg a gynigiai hi; felly daethom drwyddi ar fy Almaeneg i, tra oedd Gwyneth a Ceinwen wedi cael y blaen arnom gyda Ffrangeg! Arhosodd y digwyddiad hwn yn fy nghof am i mi synnu bod rhywun o'r cyfandir yn cynnig

125

Saesneg fel *lingua franca*; heddiw byddai hynny i'w ddisgwyl, wrth gwrs, er mai Saesneg Americanaidd fyddai hi, hwyrach. Ateb y Ffinwraig ar y pryd oedd y byddai Lladin wedi gwneud y tro yng nghanolbarth Ewrop unwaith, ond ni ellid disgwyl hynny bellach, a phob cenedl yn ceisio gwthio'i hiaith ei hun. Perthynai hi i genhedlaeth o Ffiniaid na ddymunai ddysgu Almaeneg yn yr ysgol yn union wedi'r Rhyfel Mawr.

Ni chawsom gyfle i weld mwy o Esztergom na'r llain werdd ar lan yr afon gyda'r cytiau tollborth, a thŵr ambell eglwys neu balas yn disgleirio yn y pellter. O hynny ymlaen gwellodd yr olygfa, yn enwedig ar ôl cyrraedd y 'benelin', lle mae'r Donaw yn cymryd tro 90 gradd, yn enghraifft efallai o'r hyn y dysgem amdano yn y wers Daearyddiaeth 'slawer dydd, sef 'river capture'. Yr oedd yn reit drawiadol, a'r hyn a'n siomai oedd na chaem gyfle i weld y pentrefi lliwgar ar y glannau, na chyfarch y trigolion a ddeuai at y lan i chwifio arnom. Eithr anghofiwyd pob cwyn a blinder pan welsom Budapest wedi ei goleuo mor brydferth. Aeth y *courier* â ni i'n gwesty, un hynod gyfforddus, gan ddweud y byddai'n galw amdanom fore trannoeth i'n harwain o gwmpas.

Yng ngolau dydd ymddangosai Budapest yn llawer mwy llewyrchus na Fienna, gydag ysbryd mwy bywiog ac ysgafn i'w deimlo yn y tai coffi, fel yn y siopau ar y brif stryd, y Váci Útca, ac yr oedd y cei o flaen y senedd-dy hefyd yn llawn prysurdeb diddorol. Yr oedd y *courier* yn gwybod ei waith ac yn awyddus iawn i ganu clodydd ei ddinas, gan ddangos inni'r ochr orau posib. Aeth â ni i bob man, gan gynnwys y castell ar y bryn yn Buda, ynghyd â holl adeiladau'r hen dref yno. Bu gan y dref gysylltiadau â'r Habsburgiaid, a reolai Hwngari, fe gofiwch, nid fel ymerawdwyr ond fel brenhinoedd, a châi'r rhain eu coroni yn eglwys fawreddog Sant Mathew yn Buda. Datblygiad y ganrif ddiwethaf yn bennaf oedd Pest, i lawr ar y gwaered, y tu hwnt i'r afon a thros y chwe phont hardd. Unwyd y ddwy dref, Buda a Pest, yn swyddogol ar ganol y bedwaredd ganrif ar bymtheg, a Pest yw'r ganolfan fusnes. Yno codwyd adeiladau newydd ar gyfer y Senedd, i fod ynghanol y twf a'r cynnydd, gan adael ei hen gartref yn Poszony, neu fel y galwai'r Almaenwyr y lle, Pressburg, sef y Bratislava na chawsom ni'r cyfle i daro troed arni yn 1936.

Yr oedd fy nwy ffrind wrth eu bodd yn cytuno ag unrhyw awgrym gan y *courier*, ac yr oeddwn innau yn barod iawn i'm mwynhau fy hun cyn dychwelyd i'r Archifdy llychlyd. Mae'n siŵr inni dalu'n hallt am ei wasanaeth – yn ychwanegol at yr hyn a dalwyd cyn cychwyn o Fienna – ond ymddangosai fy ffrindiau'n gyfarwydd â threfn felly, ac ar y cyfan fe fu'n werth chweil, a ninnau heb yr iaith na'n medru deall yr arian, hyd yn oed os oedd yntau'n cymryd mantais arnom! Cawsom ein tywys ganddo i'r Opera, lle gwelsom *Madama Butterfly*, cyn mynd ymlaen i swper mewn tŷ bwyta lle roedd cerddorfa o fechgyn ifanc iawn yn chwarae miwsig y Sipsiwn – yn chwarae wrth y glust, heb unrhyw hyfforddiant yn y nodau. Drannoeth aeth â ni i ardal Maes y Gwroniaid. Mae'n siŵr y cofiwch am y sgwâr mawr hwnnw gyda'i ffigurau enfawr yn cynrychioli gwroniaid Hwngari yn ôl i ddechrau ei hanes, a golwg milwriaethus a buddugol arnynt oll! Wel, efallai imi sôn wrthych ar y pryd am y modd y trodd yr ardal hon o'r ddinas yn faes y gad rhyngof fi a'n harweinydd, ond tebyg y dymunwch gofnod ohono!

Yr oedd sgwâr cyfagos wedi ei neilltuo fel 'Maes y Gwledydd a Gollwyd', 'Terra Irredenta', lle roedd cylch o dduwiesau cerfiedig mewn galarwisg, un ar gyfer pob gwlad a ddygwyd oddi ar Hwngari yng Nghytundeb Trianon yn 1919. Rhoddwyd Transylfania i Romania; Burgenland i Awstria; Croatia-Slafonia i Iwgoslafia; Trieste i'r Eidal, a Slofacia a rhan o Ruthenia i Tsiecoslofacia. 'A'r cwbl am i'r gwledydd hynny fod ar ochr y Cynghreiriaid Buddugol ar ddiwedd y Rhyfel Mawr,' meddai'n *courier* gwlatgar. I ddechrau, wnes i ddim mwy na phwyntio allan nad oedd Awstria yn un o'r Cynghreiriaid hynny, ac na fu Ruthenia yn rhan o Hwngari ers canrifoedd cyn 1914, ac i'r gwledydd yma oll ymrannu cyn diwedd 1918, cyn arwyddo Trianon. Ond pan aeth ef ymlaen i bardduo Masaryk, ac ailadrodd y stwff yr ysgrifennai'r Arglwydd Rothermere mor helaeth arno yn y *Daily Mail*, collais innau fy limpyn! Anwybyddodd fi am weddill y pnawn ar ôl hynny, a throi'n fwy gwasaidd fyth at fy ffrindiau, a oedd yn gallach, os yn fwy anwybodus na fi! Ond wrth gwrs fe wyddai'r brawd ar ba ochr i'r bara roedd ei ymenyn, ac erbyn amser te roedd yn reit serchus wrthyf yng nghaffi Gerbeaud (lle buom ninnau'n dwy yn mwynhau teisennod ynghyd â chwpanaid o de reit dda ar sgwâr Vörösmarty, gan nodi'n ddiolchgar gymaint rhatach ydoedd nag ympryd tebyg yn Demel yn Fienna!).

Wedi cinio yn ein gwesty aeth ein harweinydd â ni

o un clwb nos i'r llall – fy mhrofiad cyntaf o'r math hwnnw o ddifyrrwch soffistigedig. Ar wahân i'r trŵp arferol o Sipsiwn yn canu'r ffidil, y sither a'r simbalom, credaf mai criw go gosmopolitaidd a'n difyrrai, ac yn sicr go ryngwladol oedd y gynulleidfa ymhob un o'r amrywiol fannau y buom ynddynt. Dyna'r tro cyntaf imi flasu *champagne*, ac er na chefais ef mor hudolus â'i enw, tybiwn 'mod i'n ychwanegu at fy addysg, ac y deallwn lenyddiaeth y cyfnod yn well ar ôl hyn! Yr oeddwn yn awyddus i brofi *Tokay*, gan imi eisoes glywed cymaint amdano, ond digon diflas oedd hwnnw ar fy nhafod i hefyd; hwyrach na ddylid disgwyl cael yr un o'r gwirodydd hyn ar eu gorau mewn clwb nos! Eidalwyr oedd y mwyafrif o'r gynulleidfa, a barnu wrth boblogrwydd 'O Sole Mio', a ganwyd gyda hwyl eithriadol ymhobman. Ar y pryd Mussolini oedd prif ffrind Hwngari, gan ei fod yntau'n siomedig â siâr yr Eidal yn 1919, ond yr oeddem ni yn y Gorllewin wedi digio wrtho am ei ymosodiad ar Ethiopia, ac eisoes yn amau ei fod yn dechrau closio at Hitler, ffaith a ddaeth yn fwy clir erbyn f'ymweliad nesaf yn 1937, pan oedd cydweithio'r ddau ddihiryn yn y Rhyfel Cartref yn Sbaen yn amlwg ddigon.

Yr oedd y daith yn ôl i Fienna gyda'r trên, sef yr Orient Express, yn gyflym – pedair awr – ac yn gyfforddus iawn, ond wrth gwrs mae'r trên hwnnw'n chwedlonol am ei foethusrwydd. O'i ffenestri gwelem wastadedd gwyrddlas yn ymestyn yn ddiddiwedd, heb ddim i'w weld arno am filltiroedd. Pan ddeuem at dir wedi ei drin, fe'm hatgoffwyd o'r hyn a ddysgais am ffermio yn Lloegr yn yr Oesoedd Canol – caeau mawr agored gydag amrywiaeth o leiniau bychain (wel,

edrychent yn fychain o'r trên). Yn y rheini, gwragedd â
hancesi gwyn am eu pennau a welem wrthi yn bennaf,
yn casglu ysgubau o *Kukuruz* (india-corn). Roedd rhai
hyd yn oed yn arwain ceirt ag ychen, heb dractor i'w
weld yn unman, a'r gwrywod yn amlwg dim ond lle
roedd ceffylau yn tynnu. Yr oedd y pentrefi gryn
bellter o'r caeau, ac o'r trên ymddangosent yn smotiau
lliwgar, coch a glas a melyn, wedi eu gwasgaru hwnt ac
yma dros y gwastadedd diderfyn.

Bûm eto yn Budapest yn 1937, ond dim ond dros
nos. Gyda'r trên felly, y ffordd gyflymaf a hwylusaf, yr
aeth Susi Rotter a fi i aros yno gyda'i chyfnither, yn ei
fflat fach mewn sgwâr tawel oddi ar y Váci Útca.
Ysgrifenyddes i ryw ŵr busnes oedd Lenke Weiss,
merch smart, dal, dywyll, fywiog. Wedi swpera yn ei
chartref aeth hi â ni i dŷ bwyta am goffi, ac i wylio'r
dawnsio. Roedd hi'n amlwg ei bod hi'n reit
adnabyddus yno, a chyn bo hir ymunodd â'r rhai oedd
yn dawnsio'r *czardas*, un o ddawnsiau traddodiadol
Hwngari, ac ar ôl mynd adref ceisiodd egluro'r camau
a'u patrwm i mi. Oni bai 'mod i'n gwybod am ei
pherthynas â Susi, byddwn wedi ei chymryd hi fel
Magyar nodweddiadol. Yn 1945 roeddwn i glywed
iddi hithau fod ymhlith y tylwyth na oroesodd
wersylloedd Hitler.

Dyna hefyd fu hanes perthynas arall y galwasom i'w
gweld ar ein ffordd adref o Budapest, sef 'Cyfnither
Hedwig', a drigai yn Bratislava. Yr oedd hon yn ddynes
mewn oed a'm hatgoffai o un o gymeriadau Katherine
Mansfield yn *In a German Pension*. Ar ôl iddi'i stwffio'i
hun â chacennau melys yn llawn hufen, hysbysodd ni y
byddai'n rhaid iddi fynd i orwedd am dipyn oherwydd

bod ganddi stumog wanllyd! Ond pa mor Almaenig bynnag yr ymddangosai Hedwig i mi, i Hitler a'i ddilynwyr Iddewes ydoedd, ac nid oedd lle iddi yno ar ôl i'r Almaen feddiannu Tsiecoslofacia.

Er i Bratislava fod yn ddinas Tsiecoslofac er 1919, yr oedd stamp yr hen oruchwyliaeth yn dal yn drwm ar ei hadeiladau cyhoeddus yn 1937. Cofiaf yn dda am y farchnad, a'r gwragedd Slofac gwerinol yn eu penwisgoedd lliwgar yn cymell eu ffrwythau a'u blodau arnom. Ond yr hyn y deisyfwn ei weld yn anad dim oedd y stryd ac enw Seton-Watson arni, yn gydnabyddiaeth o'i ymdrechion i ddatguddio sut y gormeswyd y Slofaciaid gynt gan y Magyariaid. Yr oedd yn dda gennyf glywed gan wraig o Aberystwyth fu yno eleni fod y plac efydd a'i enw arno yn dal yno, yn haf 1989. Wn i ddim ai newydd ei adfer ydoedd, ynteu a oroesodd yn dawel holl gyfnewidiadau'r hanner canrif.

Roedd teithio o Fienna i Budapest gyda'r bws, fel y gwnaethom ni'n dwy, yn brofiad newydd i minnau felly. Teithiem ar hyd traffyrdd nad oedd yn bod hanner can mlynedd yn ôl. Yr oedd y bws, un Hwngaraidd, yn gyfforddus iawn (yn well na'r Traws Cambria!). Wrth gwrs, eiddo'r wladwriaeth ydoedd, fel popeth arall yn ymwneud â thwristiaeth, ac yn un o'r ffyrdd pwysig o gael arian gorllewinol i'r wlad. Fe gofiwch inni sylweddoli wrth gynllunio'n gwyliau y byddai'n rhaid inni gael fisa i'n galluogi i fynd i mewn i Hwngari, ac na chaem newid ein harian ymlaen llaw, ond caem wneud hynny wrth y dollborth wedi croesi'r ffin; trefn ddigon tebyg, felly, i'r un a wynebais yn 1936. Ni chaem fynd â dim o'r arian allan chwaith, a golygai hyn orfod gwario'r gweddill o'n *Forints* cyn cyrraedd y dollborth ar ein ffordd yn ôl i Fienna. Ond roedd peth arian mân iawn ar ôl gennym, ac fe gofiwch inni eu harllwys ar y bwrdd yn y dollfa, ac i'n syndod dderbyn yn ôl un bar o siocled – rhyngom - a hwnnw wedi dod o Tsieina! (Siocled digon da hefyd, chwarae teg i Weriniaeth Tsieina!)

Roedd y daith gyda'r bws yn rhoi llawer gwell cyfle i weld y wlad na'r cwch a'r trên, gan iddo alw yn y trefi, a rowndio llawer o bentrefi hefyd. Er bod y caeau mawr digloddiau yn nodweddu'r wlad o hyd, diflannodd yr ychen, a chymerwyd lle'r ceffylau hefyd gan dractorau, ac yng nghornel y caeau mawr gwelem silos tal yn cyhoeddi fod amaethyddiaeth Hwngari wedi ei moderneiddio. Gan ei bod yn fis Medi roedd y caeau india-corn wedi eu cynaeafu'n lân, ond yr oedd erwau o flodau'r haul yn dal i ddisgwyl cael eu torri. Ni sylwasom ar wragedd yn llafurio yn y meysydd, ond gwelem hwy – mewn dillad modern, nid yn y wisg draddodiadol mwyach – yn mynd i siopa i siop y pentref, a ail-luniwyd yn archfarchnad fini.

Yn hytrach nag eglwys ar sgwâr y pentrefi newydd, gwelem neuadd bentref, ac ar bob un bron gwelem y gair 'Disko' mewn llythrennau amryliw. Sylwem ar wragedd yn gweithio yn y gerddi bychain o flaen eu tai, ac yn hongian rhaffau lliwgar o winwyn, paprica a garlleg i sychu ar eu muriau. Yr oedd y tai – o *breeze-blocks* llwyd – yn fodern ac unffurf; tai unllawr yn bennaf, ac yn llawer iachach, mae'n siŵr, na'r tai hir melyn, hynafol a darluniadwy a gofiaf fi, gyda'u toeau gwellt yn disgyn yn isel, a ffenestri pitw a phrin. Go debyg fod ganddynt fendithion trydan a dŵr poeth nawr. Yr oedd i bob tŷ ei ardd, a synnais fod llawer yn tyfu winwyn yn unig, eraill dim ond pupur o wahanol liwiau, eraill flodau, rhai gwinwydd yn unig, ac eraill eto dim ond india-corn. Deallasom y rheswm am hyn pan welsom yn y dref nesaf bentrefwyr yn gwerthu eu cynnyrch o'r palmant; arwydd fod y gyfundrefn Gomiwnyddol yn dechrau rhoi lle i'r unigolyn wneud rhyw gymaint o elw. Yn wir, ni bu'r drefn o ffermio cyfunol yn dderbyniol gan yr Hwngariaid o gwbl. Fe'u siomwyd na rannwyd ystadau mawr y tirfeddianwyr rhyngddynt ar ôl 1945; yn hytrach gwelsant y wladwriaeth yn mynd â'r cwbl, gan adael dim ond yr ardd wrth y tŷ iddynt hwy. Rhannwyd yr holl waith ar y tir rhwng y pentrefwyr, gan gyfeirio'r gweddill, yn arbennig yr ifanc, at weithfeydd newydd yn y trefi. Ni fedrwn i, gyda'm cefndir diwydiannol, lai na sylwi ar y gweithfeydd dur enfawr newydd a godwyd mewn hen drefi marchnad, gwledig gynt, a nodi'r adeiladau mawreddog gerllaw iddynt oll ar gyfer gwylio pêl-droed, neu amrywiol fabolgampau – y cwbl i ddifyrru'r ieuenctid a ddenwyd o'u cynefin yn y wlad. Yr oedd y datblygiadau hyn ychydig oddi ar y traffyrdd newydd, ond ar ochr y ffordd mewn ambell fan gwelsom weithiau glo digon hynafol eu trefn, yn gollwng mwg a baw i'r awyrgylch.

Yna cyrraedd Budapest a'n cael ein hunain mewn sgwâr prysur yn dwyn enw Engels, i ddisgwyl bws i fynd â ni i Buda, yr hen dref gaerog ar y bryn. Yr oedd hyn yn newid derbyniol iawn gen i, gan mai yn Pest y bûm i'n aros o'r blaen. Yr oedd ein gwesty, y Penta, yn perthyn i gwmni adnabyddus mewn sawl gwlad, ac yr oedd yr un yn Buda yn gwbl ryngwladol ei olwg a'i drefn. Yr oedd yr hysbysebion ynddi mewn Hwngareg, Saesneg, Ffrangeg ac Almaeneg, a synnais nad oeddynt mewn Rwseg hefyd, gan y gwyddwn y bu dysgu Rwseg – yn hytrach na Saesneg – yn orfodol yn yr ysgolion. Ond beth bynnag am gynllun rhyngwladol y gwesty, perthyn i Wladwriaeth Gomiwnyddol Hwngari ydoedd, a'r prif amcan oedd ennill drwyddi arian o'r Gorllewin. Felly ceisiwyd ein denu i brynu nwyddau moethus yn y siop yn y cyntedd, lle ni fedrai neb ond y twristiaid eu prynu, gan mai arian y Gorllewin yn unig a dderbynnid yn dâl amdanynt. Fel y cofiwch, digon llwm oedd hi am ddanteithion yn y siopau nwyddau cyffredinol ar gyfer y trigolion, er bod yr hanfodion i'w cael yno, a sylwasom fod ganddynt ryw drefn o dalu â thocynnau, un na ddeallem ni. Ond yn y siopau arbennig ar gyfer twristiaid gallem brynu'r *Tokay* gorau, siocledau wedi eu llenwi â cheirios mewn gwin, a bisgedi hynod o felys, ond inni ddangos pasport a thalu mewn punnoedd Prydeinig. Yr unig bryd y gwelid y bisgedi a'r siocledau hyn yn y siopau cyffredinol oedd pan ollyngid nwyddau iddynt a'r dyddiad gwerthu arnynt wedi pasio, a byddai cynffon hir yn disgwyl amdanynt bryd hynny. Daeth yn amlwg i ni fod yna brinder mewn pethau fel esgidiau a dillad isaf merched, pan ruthrasom i weld paham roedd cymaint o bobl wedi ymgasglu o flaen un o'r siopau yn y Váci Útca un prynhawn, a chael ar ddeall bod llwyth o'r nwyddau hynny newydd gyrraedd y siop. Daeth ag atgofion byw i mi o'r modd y canmolwn fy lwc os digwyddwn fod yn un o siopau Abertawe amser rhyfel pan gyrhaeddai rhyw nwyddau tebyg!

Tra oeddem yn Fienna clywsoch fi'n cwyno am nad

oedd neb gennyf yno fel cynt i drafod gwir sefyllfa'r wlad â hwy, i glywed sut roedd prisiau'n cymharu ag enillion, er enghraifft, a chael barn ar y sefyllfa wleidyddol, yr agwedd at Babyddiaeth, neu'r teimlad at yr Iddewon. Ond yn Budapest yr oedd gennyf rywun i droi ato a chael yr union wybodaeth a geisiwn, a hwnnw a chanddo farn werth ei chael, sef y Dr Domokos Kosáry. Deuthum i'w adnabod gyntaf yn Llundain ddechrau gaeaf 1938, ar ddechrau'r tymor newydd, toc wedi Cytundeb Munich, a chefais lawer o'i gwmni yn ystod misoedd trist gwanwyn a haf 1939. Yr oedd eisoes yn ddarlithydd yng Ngholeg Eötvös yn Budapest ac yn treulio blwyddyn sabothol yn Llundain. Ymunodd â seminar Seton-Watson, a bron na fedraf ddweud mai ef oedd yr unig aelod llon o'r dosbarth yr adeg honno. Gwyddem oll ergyd mor drom fu Munich i'n hathro, a chymaint oedd ei bryder am dynged Tsiecoslofacia a'i phobl. Poenai rhai ohonom am dynged cysylltiadau Iddewig yno. Mwy na hynny, unwaith y meddiannodd Hitler Prâg, gwyddem fod rhyfel yn anochel, a threuliem ein dyddiau yn hanner ofni ac yn hanner gobeithio y deuai yn fuan. Yr oedd Kosáry yn llawer mwy digyffro, er na ddywedai ddim yn y seminar i awgrymu safbwynt gwahanol, ac yn sicr yr oedd ei barch at Seton-Watson fel hanesydd a gŵr bonheddig yn fawr, ond fe wyddai iddo fod yn feirniadol o driniaeth y Magyariaid o'u lleiafrifoedd yn y gorffennol. Cofiaf yn arbennig sut y llwyddasom oll yn y dosbarth i ymatal rhag gwneud unrhyw sylw y prynhawn y clywsom y newydd i'r Almaen roi'r darn o Ruthenia a roddwyd i Tsiecoslofacia yn 1919, yn ôl i Hwngari.

Ond mi gofiaf hefyd un amgylchiad arbennig arall o'r cyfnod hwn sy'n dweud llawer am deimladau cenhedloedd canoldir Ewrop tuag at ei gilydd. Pan ddaeth yr amser i Ysgol yr Astudiaethau Slafonaidd symud o'i hen gartref yn Torrington Square i adeilad newydd Prifysgol Llundain ym Malet Street, penderfynwyd dadorchuddio yno benddelw efydd o'r Arlywydd Thomas Masaryk, a fu farw ym Medi 1937. Trefnwyd y seremoni hon ar gyfer prynhawn olaf y tymor, ddiwedd Mawrth 1939, cyn gwybod am gyf-feddiant Prâg, ond penderfynwyd dal at y trefniant. Ni fedrai Jan Masaryk fod yn bresennol, gan iddo gael ei alw i Washington, a threfnwyd i'n hathro ni ddadorchuddio'r gofeb. Estynnwyd gwahoddiad i holl aelodau ei seminar i'r seremoni, ond yr oedd llawer ohonynt yn dysgu yn ystod y dydd, ac yn y diwedd Kosáry a minnau oedd yr unig ddau o'r dosbarth a fedrodd fod yno. Er yn drwm o dan deimlad, siaradodd Seton-Watson yn hyderus, gan gyfeirio at hen broffwydoliaeth a hawliai pe caethiwid Bohemia am fil o flynyddoedd y codai eto. O'n cwmpas yr oedd cynulleidfa o Tsieciaid athrist, llawer ohonynt yn eu dagrau, ac wrth i'n hathro dynnu'r llinyn i ryddhau y mwgwd melfed a orchuddiai ddelw Masaryk, edrychodd ein cyfaill Hwngaraidd dros ei ysgwydd ac yna troi ataf fi a sibrwd, 'Credaf pe deuech i'm gwlad i, y cytunech fod ein merched ni yn harddach!' Nid anghofiaf fyth y geiriau annisgwyl hynny, na'r achlysur arbennig, na chwaith awyrgylch trwm yr holl ddyddiau tywyll rheini.

Nid oeddwn wedi gweld Kosáry er diwedd Gorffennaf 1939. Ni fedrodd yntau ddianc rhag tynged gyffredin ein cenhedlaeth, ac efallai iddo, yn y diwedd, ddioddef mwy o galedi na'r un aelod arall o'r seminar honno. Ni chlywais oddi wrtho am flynyddoedd hir wedi i'r rhyfel ddod i ben. Gwyddwn ei fod yn fyw o weld cyhoeddi ysgrif ganddo ym Mharis yn 1948, ond ofnwn ysgrifennu ato rhag i gysylltiad â'r Gorllewin beri niwed iddo yn ystod blynyddoedd y Rhyfel Oer. Gwelais gyfeiriad at gyhoeddi llyfr Saesneg ar hanes Hwngari ganddo wedyn, yn yr Unol Daleithiau, a bûm yn dyfalu tybed a oedd wedi ymsefydlu yno. Sylweddolwn na wyddai ef ymhle y câi afael arnaf fi, pe dymunai hynny. Trwy Neville Masterman, awdurdod ar hanes Hwngari a fedrai'r iaith (y cofiwch ef yn darlithio yn Adran Hanes Coleg y Brifysgol, Abertawe), yr adferwyd y cysylltiad rhyngom rai blynyddoedd cyn i ni'n dwy sôn am fynd i Fienna. Erbyn hynny roedd y drefn haearnaidd wedi dechrau llacio o dan Kádár, a'n cyfaill, wedi mwy nag un cyfnod yn y carchar, bellach yn cael ei gydnabod fel hanesydd mawr yn ei wlad ei hun, ac nid yn y Gorllewin yn unig; yn wir, cafodd ei ddyrchafu'n Bennaeth Hanes yn Academi'r Gwyddorau, sef sefydliad mwyaf aruchel Hwngari. Roedd Masterman wedi ei weld, ac wedi adrodd fy hanes wrtho, gan ddweud bod John wedi cyfieithu i'r Gymraeg faled boblogaidd János Arany ar 'Y Beirdd Cymraeg'. Pan ysgrifennodd Kosáry ataf, gofynnodd am gopi o'r cyfieithiad i'w roi ar gadw yn yr Academi yn Budapest. A dyna ailddechrau sgrifennu at ein gilydd yn weddol gyson.

Pan glywodd ein bod ni'n dwy am fynd i Fienna, gwahoddodd ni, fe gofiwch, i aros gydag ef, naill ai ar ei ystad yn y wlad neu yn y ddinas, ond penderfynasom mai gwell fyddai gennym fod yn rhydd i grwydro'r ddinas fel y mynnem, ond câi gysylltu â ni yn ein gwesty wedi inni gyrraedd. Felly y bu, ac mae'n siŵr y cofiwch fy mhryder na fyddwn yn ei adnabod pan ddeuai atom i'r gwesty; ond na, er yn hŷn, wrth gwrs, gwelwn yr un ffigwr trwsiadus â chynt yn dod tuag ataf, ac yntau wedi f'adnabod innau ar unwaith, a threuliasom ddiwrnod hyfryd yn ei gartref, on'd do? – gan siarad yn ddi-stop! Yr oedd yn barod iawn i adrodd ei hanes yn gweithio yn y dirgel yn ystod blynyddoedd y rhyfel, ac roedd ei ddisgrifiad o amgylchiadau byw yn Budapest yn ystod y gwarchae a'r ymlad cyn iddi syrthio i'r Fyddin Goch yn ddigon i godi gwallt ein pennau. Yr oedd ef wedi gobeithio y medrent ddal nes y cyrhaeddai byddin y Cynghreiriaid o'r Eidal, ac am y gwyddai rhai o'i gydweithwyr cudd am ei ddaliadau, fe gafodd ei garcharu yn union wedi i'r ymlad orffen, am fod yn wrth-Gomiwnyddol. Cafodd ei ryddhau, ond heb hawl i ddal unrhyw swydd. Bu'n amser caled iawn i'w deulu, ond daliodd i sgrifennu hanes ei wlad, a thrwy gyhoeddi tipyn ohono yn Saesneg yn yr Unol Daleithiau enillodd y doleri a'i gwnaeth hi'n bosib iddynt fyw. Pan holais sut y medrodd drefnu hynny, dywedodd fod ganddo ffrind Hwngaraidd ym mhrifysgol Columbia, a mentrodd gwraig Kosáry fynd â'r llawysgrif bob yn bennod i bencadlys yr Americanwyr oedd yn dal i gyd-lywodraethu Fienna, a gofyn iddynt ei danfon ymlaen i'w ffrind. Yn yr un modd y derbyniodd hithau'r doleri am y llyfr yn Fienna.

Yn 1956 dangosodd ein cyfaill ei gefnogaeth i'r

chwyldro, a phan drechwyd yr Hwngariaid gan danciau Rwsia, bu'n rhaid iddo wynebu cyfnod arall yn y carchar. Caniatawyd iddo gael papur ysgrifennu a phensiliau, a daliodd i ysgrifennu hanes ei wlad, gan ddibynnu yn unig ar ei gof. Gydag amser mentrodd yr oruchwyliaeth ymateb fwyfwy i'r teimlad cenedlaethol, a chafodd ein cyfaill nid yn unig ei ryddhau ond cafodd hawl i ddysgu eto, a hyd yn oed i fynd i'r Unol Daleithiau i ddarlithio, gyda'r sicrwydd y byddai'n rhydd i ddychwelyd i'w wlad. O hynny ymlaen cafodd ei waith sylweddol ei gydnabod, ac yn y man cyrhaeddodd y swydd yn yr Academi. Profodd lwyth o ofidiau personol yn ystod y blynyddoedd hyn; collodd ei unig fab, cerddor o fri, yn ddeugain oed, ac yn fuan wedyn ei wraig, ond bellach yr oedd ei ferch a'i theulu yn byw gydag ef yn y tŷ cyfforddus â'r olygfa wych dros yr holl ddinas, lle y cawsom groeso cynnes iawn ganddo.

Cofiwch fel yr eglurodd Kosáry i ni yn ystod y prynhawn hwnnw o Fedi 1987, ei bod hi'n amlwg bod y gyfundrefn economaidd yn torri i lawr ers tro yn Hwngari; dyna pam yr anwybyddwyd y ffaith fod y pentrefwyr yn cyfnewid eu cynnyrch, ac yna yn mentro ei werthu yn agored yn y trefi cyfagos. Pan holais ef am y gweithfeydd dur, dywedodd i lawer ohonynt gael eu codi wedi chwyldro aflwyddiannus 1956, mewn ymgais i ennill ffafr y gweithwyr trwy ddarparu gwaith ar eu cyfer ac adloniant i'w difyrru – 'bread and circuses'. Erbyn hyn, a gormod o ddur ar y farchnad gydwladol, yr oedd y mwyafrif ohonynt yn gweithio rhan-amser ar y gorau, a llawer un ar stop yn gyfan gwbl. Gwaeth fyth, nid oedd y llywodraeth wedi gorffen talu amdanynt ac felly roedd yn ddydd o brysur bwyso ar yr awdurdodau, a'r werin yn dechrau grwgnach am eu hamgylchiadau ariannol a'r cyfyngiadau arnynt. Felly dechreuodd y llywodraeth roi mwy o ryddid iddynt, ond wrth wneud hynny cynhyrfwyd yr ymdeimlad cenedlaethol drachefn, a bu'n rhaid cydnabod hynny – drwy leihau'r pwysau i ddysgu Rwseg, er enghraifft – ac yr oedd ei yrfa ef ei hun, meddai, yn brawf o'r newid pwyslais. Estynnwyd hawliau'r Adran Dwristiaeth – a brofodd eisoes y dull mwyaf effeithiol o gael arian 'caled' y Gorllewin i'r wlad, a'r help gorau i dalu dyledion y llywodraeth – i wneud cytundebau â busnesau tramor. Yr oedd ein gwesty ni yn enghraifft o hyn, a'r Hilton, hefyd yn Buda (cofiwch inni gael coffi yno er mwyn cael gweld sut yr adeiladwyd hi o gwmpas ac ar sail abaty hynafol). Ond eiddo gwladwriaeth Hwngari oeddynt o hyd.

Roedd y trefniadau hyn yn anuniongred iawn i'r drefn Sofietaidd, ond gan fod Rwsia ei hun yn

Budapest: golygfa o'r castell brenhinol

Dr Kosáry a Marian, 1987

wynebu'r un anawsterau economaidd, nid oedd mewn
ffordd bellach i wneud llawer ynglŷn ag anufudd-dod
ei *satellites*. Pan ddywedais i mor anodd y'i cefais i
ffeindio fy ffordd ar y map, a'r strydoedd wedi eu
hailenwi ar ôl digwyddiadau neu enwau Comiwn-
yddol, dywedodd ein ffrind fod pobl eisoes yn
defnyddio'r hen enwau, ac ni synnai weld hynny'n dod
yn swyddogol yn y man. Ac yn wir, dywedodd ei
wyres wrthyf fod hynny'n digwydd erbyn hyn; ni
chedwir enwau'r Comiwnyddion diweddar mewn bri,
er bod Marx, Engels a Lenin yn saff. Yr oedd Stalin
wedi ei ddiorseddu eisoes, a synnais pan aethom ar y
daith swyddogol honno o gwmpas y ddinas, na
thynnwyd ein sylw at gofgolofn Lenin ar ganol Lôn
Castanwydd a arweiniai o Faes y Gwroniaid. Pan
soniais wrth Kosáry am hyn, dywedodd efallai bod
rhyw lond dwrn yn ymgasglu yno ar y cyntaf o Fai,
ond dyna'r cwbl. Yr hyn a'i poenai ef oedd y byddai'r

Hwngariaid yn troi'n anfodlon eto wrth wynebu caledi'r farchnad rydd, ac yn beio'r cwbl ar y drefn newydd, heb ystyried bod rhaid talu am gamgymeriadau'r hen oruchwyliaeth, ond nid oedd yn ofni o gwbl y medrai Rwsia ymyrryd fel cynt. Roedd ei broffwydoliaeth yn iawn, fel y gwelwn erbyn hyn. Y mae'r anfodlonrwydd a broffwydodd i'w weld i raddau yn holl wledydd Comecon tra ymhyfrydant yn eu rhyddid llawnach. Ac wrth gwrs gwelwyd hyn yn eglur iawn yn Rwsia ei hun yn nyddiau *Glasnost* a *Perestroika*.

Fel yn Fienna, roedd bywyd wedi cyflymu'n ddirfawr yn Budapest, a'r drafnidiaeth yn ddifrifol o brysur, ac i'm golwg i yn bur anhrefnus, gyda'r holl geir bychain drewllyd yn creu tagfeydd wrth ddynesu at y pontydd. Yr oedd yno ddwy bont ychwanegol a newydd i mi, rhai iwtilitaraidd iawn eu golwg o'u cymharu â'r hen rai. Yr oedd yna gyfundrefn newydd o drenau tanddaearol, ond roeddynt yn orlawn, a phenderfynasom ar ôl siwrne neu ddwy ynddynt, deithio mewn tacsis. Ond blychau bychain anghysurus oeddynt hwythau, a'u gyrwyr yn ddigon surbwch, yn cadw Walkman am eu clustiau, a phan symudai hwnnw ychydig, clywem synau aflafar canu pop Americanaidd. Yr oeddem yn ymwybodol o beth drwgdeimlad tuag atom ymhlith rhai o'r merched oedd yn gweini yn y gwesty, fel pe baent yn ddirmygus o'r safle breiniol a roddai'n harian gorllewinol i ni. Yn wahanol i'r gyrwyr tacsi, nid methu â'n deall oedden nhw, gan iddynt yn amlwg ddysgu Saesneg mewn 'ysgol dwristiaeth'. Penderfynais y dysgwn Hwngareg yn iawn cyn mentro i Hwngari eto. Yr oedd absenoldeb rhybuddion cyhoeddus mewn unrhyw iaith arall, a'r ffaith nad oedd modd cael rhaglenni gwledydd eraill ar y teledu yn y gwesty yn peri inni deimlo ein bod ni wedi colli cyswllt â'r byd y tu allan. Gallwn ddeall eiddigedd atom fel cyfalafwyr yn well pe na baent hwythau mor awyddus i'n dilyn ar hyd y ffordd honno! Na, credaf mai'n diffyg gallu ni i siarad â hwy yn eu hiaith eu hunain oedd ein hanhawster pennaf.

Y tro hwn, yn gwbl wahanol i'r troeon o'r blaen, ymddangosai Budapest yn llai llewyrchus na Fienna, ac yn llai urddasol; yr oedd angen glanhau a phaentio'r adeiladau heirdd. Câi'r parciau eu cadw'n weddol gymen, a mwynheais yn arbennig fynd o gwmpas yr olion Rhufeinig yno, ond er inni yfed dŵr y ffynhonnau ar Ynys Margit – a brysio wedyn i yfed coffi ar ei ôl – ni welais ac ni theimlais yr un asbri yno ag yn y blynyddoedd cyn y rhyfel. Ond wrth gwrs rwyf innau hanner canrif yn hŷn!

Wrth gyrraedd yn ôl i Fienna o Budapest, er gwaethaf yr holl newidiadau yn y lle, ac ynof innau, ni fedrwn lai na chydnabod y teimlwn ryw gynhesrwydd arbennig yn fy nghalon o hyd at 'ddinas fy mreuddwydion' gynt. Ond ni fu'n rhaid i mi weithio'n galed y tro hwn i'm paratoi fy hun i wynebu ffarwelio â Fienna. Yn 1936 cofiaf fynd am dro ar fy mhen fy hun, yn y glaw mân, i un o ardaloedd mwyaf dilewyrch, anhynod, a chwbl ddieithr i mi, o'r ddinas, ac eistedd yn yfed coffi mewn hen gaffi bach siabi mewn stryd gefn, yn gwylio gwynt yr hydref yn chwyrlïo ambell ddeilen grin i'r gwter, mewn ymgais bendant i'm perswadio fy hun nad oeddwn i ddim wir

143

yn perthyn i'r lle hwn, a'i bod hi'n amser imi droi am adref cyn y gaeaf! Y pnawn hwnnw gwyddwn y byddai Frau Rotter wedi paratoi rhyw saig amheuthun i swper, ac yr awn wedyn i'r Schottentor i ffarwelio â Thekla, Felix ac Ella. Y tro hwn roedd gen i gydymaith ar y daith yn ôl i Gymru, a gwyddwn hefyd y cariwn y lleill i gyd, fel cymaint o'm hanwyliaid bellach, gyda mi bob amser yn fy nghalon.

Pob hwyl a bendith,
Marian

X

Annwyl Julia,

Ni feddyliais y byddwn yn parhau'r gyfres hon o lythyrau ymlaen i'r flwyddyn newydd, a minnau eisoes wedi cwblhau fy sylwadau ar ein gwyliau, ond rydych wedi'ch cyffroi, fel finnau, gan y digwyddiadau syfrdanol yng nghanoldir Ewrop, a gofynnwch am lythyr eto yn nodi fy sylwadau i ar y sefyllfa! Mae'n cyffwrdd, meddech chi, â chymaint o'r pynciau y buom ni'n eu trafod ar ein gwyliau, megis problemau Hwngari (y buom yn eu trafod gyda Kosáry), a hefyd holl sefyllfa canol a dwyrain Ewrop yn gyffredinol. A ddylid meddwl am wledydd afon Donaw fel uned arbennig? A oes rhyw wers i'w dysgu wrth edrych eto ar ffiniau yr hen Ymerodraeth Habsburgaidd? Dyna rai o'r cwestiynau a ofynsoch, ac wrth gwrs ni fedraf lai nag ymateb i'ch cais, gan deimlo'n falch o'r cyfle, a dweud y gwir, i geisio rhoi rhyw drefn ar fy meddyliau fy hun am y newidiadau mawr hyn. Mae eu canlyniadau yn siŵr o effeithio ar berthynas y gwledydd mawr â'i gilydd, yn ogystal â chysylltiadau'r gwledydd llai â'u cymdogion.

Fel y dwedsoch ar y ffôn fwy nag unwaith yn ddiweddar, aethom i Fienna a Budapest ar adeg pan oedd sylw'r byd yn dechrau troi i'w cyfeiriad. Ie, dim ond dechrau'r dathliadau hanner-canmlwyddiant fu fy nychweliad i i Fienna! Yn fuan wedyn gwelsom hanner-canmlwyddiant yr *Anschluss*, Cytundeb Munich, chwalu Tsiecoslofacia, a dechrau'r Ail Ryfel Byd. Prin y cyfeiriais at y dathliadau hyn yn fy llythyrau, os o gwbl, am fy mod yn ceisio canolbwyntio ar adrodd fy stori drwy ateb eich cwestiynau penodol, ond hefyd am eu bod oll yn ddigwyddiadau gwrthun. Ond yn awr llawenydd yw gallu sôn am gynnwrf fy nheimladau wrth weld ysbryd pobl gyffredin yn gorchfygu'r hualau a'u daliodd mor gaeth dros ddeugain mlynedd.

Ers i'r Llen Haearn rannu Ewrop yn Orllewin a Dwyrain, tyfodd cenhedlaeth gyfan ar yr ochr hon na wyddai fawr ddim am y patrwm o wledydd annibynnol a fodolai yng nghanoldir a dwyrain Ewrop gynt, ac y mae llawer ohonom ni y genhedlaeth hŷn sydd yn eu cofio, yn synnu o weld mor ddigyfnewid yw teimladau eu gwerinoedd heddiw er gwaethaf treigliad amser, a'r holl ymdrechion a wnaed i ddistrywio eu hunaniaeth drwy orfodi arnynt gyfundrefn o gredoau cwbl ddieithr i'r mwyafrif o'r boblogaeth. Trwy rym a thrais, gwthiwyd syniadau arnynt a effeithiai ar bob agwedd o'u bywyd, yn economaidd, yn wleidyddol, yn ddiwylliannol a hyd yn oed ar eu bywyd personol. Gwyddem, wrth gwrs, fod anfodlonrwydd yno, ond ni wyddem pa mor ddwfn ydoedd, na pha mor bell yr ymledai. Gwelsom Wlad Pwyl yn mynegi ei ffydd Gatholig yn ddigon cyhoeddus, a *Solidarnosc* yn defnyddio arf streicio yr un mor gyhoeddus. Ond gwelem hefyd Jaruselski yn parhau, i bob golwg, yn ffigur diwyro, a gwyddem fod Walesa ei hunan yn dychryn wrth ystyried baich problemau economaidd y wlad. Cofiwch Kosáry yn mynegi'r un pryder wrth weld gafael Comiwnyddiaeth yn llacio yn Hwngari; serch hynny, symud ymlaen yn gyson fu hanes y wlad honno hefyd, ac erbyn hyn y Senedd yw canolbwynt grym yno, nid pencadlys y Blaid Gomiwnyddol, a threfniadau ar gerdded am etholiad rhydd ym mis Mawrth.

Gwyddem er Siartr 77 fod yna wrthwynebwyr i'r drefn yn Tsiecoslofacia, ac roedd hynny i'w ddisgwyl yng ngwlad Hus a Chomenius a Masaryk. Ond gwyddem am yr anawsterau hefyd. P'un ohonom a feiddiai freuddwydio y byddai'r cyfarfod heddychlon o fyfyrwyr a alwodd ar Vaclav Havel i'w hannerch yn ddigon i newid y drefn? Dramodydd ac athronydd oedd y gŵr hwnnw, nid gwleidydd, ond un a apeliai am iddo ddioddef chwe blynedd yng ngharchar am sefyll yn ddiwyro dros ryddid. Ef yw'r arlywydd erbyn hyn, a da yw gweld Dubček, a geisiodd ddal baner ryddid dros ei wlad yn 1968 cyn gorfod ildio i'r tanciau Rwsiaidd, yn ôl yn yr amlwg unwaith eto wedi ugain mlynedd o ddinodedd gorfodol. Yn fuan wedyn cawsom ein hatgoffa o'r dywediad mai 'Bohemia yw'r allwedd i Ewrop' – dywediad na wyddai Neville Chamberlain ddim amdano, ond a ddeallwyd gan Hitler i'r dim! Yn awr y mae gwerin Dwyrain yr Almaen wedi rhoi prawf pellach i ni o ddilysrwydd yr ymadrodd, a gwelsom yr *Apparatchik* ffyddlonaf oll, Honecker, yn cael ei ysgubo i ffwrdd, a dinasyddion Gweriniaeth yr Almaen Ddwyreiniol yn codi fel un gŵr i dynnu i lawr y Wal enwog a'u gwahanai hwy oddi wrth eu cyd-genedl a'r Gorllewin.

Ni wyddem fawr am gyflwr Bwlgaria, dim ond dyfalu bod yr erledigaeth o'i dinasyddion Twrcaidd yn ymgais i dynnu sylw oddi ar eu hanawsterau economaidd. Ond cofiem sut y lladdwyd Markov â phig gwenwynig ymbarél ar stryd yn Llundain - beth amser yn ôl bellach – am iddo gymryd rhan yn narlleddiadau'r B.B.C. i'w wlad, mater sy'n tynnu'n sylw at bwysigrwydd y teclyn bychan, hawdd ei guddio, sef y radio dransistor, yn y digwyddiadau chwyldroadol hyn oll, offer a lwyddai i dreiddio drwy'r Llen Haearn a Mur Berlin. Yn Sofia ysgubwyd Zhivkov i ffwrdd gan aelodau iau y Blaid Gomiwnyddol, efallai i achub eu crwyn eu hunain, ond anodd yw ffrwyno chwyldro wedi iddo gychwyn.

Fe'n synnwyd oll dros y Nadolig gan y digwyddiadau yn Romania, lle gwelwyd bardd, gyrrwr tacsi ac un aelod o gabinet Ceausescu, yn llwyddo i feddiannu'r pencadlys teledu, ac yna'r llywodraeth. Ar ôl cael ein twyllo unwaith i gredu fod Ceausescu ar ochr y Gorllewin oherwydd ei wrthsafiad yn erbyn Stalin, roeddem wedi hen weld ein camsyniad, ac wedi sylweddoli mai agwedd o'i fegalomania oedd y weithred honno. Eto i gyd, ychydig a wyddem am raddfa'r llygredd yn ei gyfundrefn, ond bu'n rhaid iddo ef a'i wraig, a oedd mor llwgr a chreulon ag yntau, dalu'n hallt yn y diwedd.

Un cwestiwn a ofynsoch i mi oedd pam y llwyddodd y gwerinoedd hyn i ennill buddugoliaeth nawr ar ôl methu am y deugain mlynedd blaenorol? Derbyniwch, wrth gwrs, yr egwyddor domino, sef ei bod hi'n haws i'r lleill ddilyn wedi gweld un yn llwyddo, ond pam nawr? Yr ateb a gynigiaf yw y cwyd pobl mewn gwrthryfel nid pan yw dduaf arnynt, ond pan fo ganddynt rywfaint o obaith i lwyddo. Grym Rwsia a dynnodd y llinell o Stettin i Trieste a alwyd gan Churchill yn 'Llen Haearn', a gwendid Rwsia heddiw sydd i gyfrif am ei dileu. Ni fyddai gwledydd canoldir Ewrop wedi mentro nawr oni bai iddynt gredu na fedrai Rwsia ddanfon y tanciau fel cynt. Fe gofiwch i Kosáry fod yn gwbl argyhoeddedig o hyn ddwy flynedd yn ôl. Pam y pwyslais newydd yn Rwsia nawr ar *Perestroika* (ail-lunio'r economi) ac ar *Glasnost* (bod yn fwy agored)? Am fod Gorbachev yn ŵr dymunol, gwâr? Ynteu am nad oes nwyddau yn y siopau, a'i fod yntau'n sylweddoli fod y ras arfau wedi tynnu'n rhy drwm ar adnoddau ei wlad? Ni wyddom faint o'i gydwladwyr sydd o'r un meddylfryd ag ef, ond mae'n sicr fod yr anhrefn economaidd yn weddol eglur; cwestiwn arall yw a fedrir llwyddo i newid pethau heb chwyldro. Y mae Gorbachev yn bob-logaidd yn y Gorllewin, yn arbennig yn yr Almaen. Bydd rhai yn holi a yw ef yn wir ryddfrydwr, ynteu yn realydd sy'n gweld cyflwr adfydus ei wlad? Cwestiwn pwysicach yw a oes ganddo'r weledigaeth i wybod beth ddylid ei wneud, ac yn bwysicach fyth, a fydd digon o gefnogaeth yn Rwsia i'r mesurau y bydd yn rhaid eu hwynebu cyn y gellir newid y drefn yno?

Pa mor bell, felly, y gellir priodoli'r holl ddigwydd-iadau cyffrous diweddar yng nghanoldir Ewrop i fethiant economaidd? Mae'n siŵr bod Mrs Thatcher yn gweld yma brawf bod Comiwyddiaeth fel system economaidd yn fethiant, ac yn barod i'n hatgoffa mor falch y dylem ni oll fod o fendithion economi'r farchnad! Ond beth am y corff o syniadau Marcsaidd, yr Ideoleg, yr efengyl yn ôl Marx a Lenin? Wedi 1917 honnwyd mai yn Rwsia yn unig y'i gwireddwyd, ac mai yn y Kremlin yn unig y cedwid didwyll laeth y Gair – nid gan yr un o'r gau broffwydi – ac oddi yno yn unig yr ymledai'r athrawiaeth gywir i'r byd, a chadwodd lygad barcud rhag unrhyw wyriad.

Ar ddiwedd y rhyfel yn 1945 symudodd pob un o wledydd gorllewin Ewrop ryw gymaint i'r chwith, ac yn y dwyrain yr oedd parodrwydd i groesawu'r Rwsiaid fel gwaredwyr a fyddai'n ysgubo i ffwrdd y landlordiaid gorthrymus a'r Iddewon a reolai fasnach ac a lenwai swyddi proffesiynol. Ond buan y cododd amheuon oherwydd creulonder y milwyr Rwsiaidd, a thraha y penaethiaid newydd, gwŷr ac ambell wraig, o'u plith hwy eu hunain, ond a hyfforddwyd ym Moscow. Daeth y rhain yn ôl nid yn unig i drefnu'r ffarmio cyfunol, ond hefyd i newid yr holl ddull o feddwl, gan ddysgu egwyddorion materoliaeth di-Dduw i'r plant yn yr ysgolion. Rhywbeth i'r henoed fyddai'r eglwysi, a thros dro yn unig. Gydag amser caniatawyd ychydig o dddawnsio a chanu gwerin i'w diddanu, heb sylweddoli y rhoddai hyn i'r bobl yr ymdeimlad o berthyn i'w gilydd, a hefyd o'u harwahanrwydd, a'r ffaith eu bod yn unigryw. A chydag amser gwelwyd fod crefydd yn gweithio'n debycach i furum nag i gyffur cysgu.

Yn ystod yr hydref, cyn i'r cynyrfiadau ddechrau, bu'r Athro Owen Chadwick yn darlithio yn Aber ar 'Christendom and the Cold War', ac arhosodd un o'i sylwadau yn fy meddwl (hwyrach am iddo fod mor wir am Gymru yn y ganrif ddiwethaf), sef pan na fydd gan y werin hawliau, nac arweinwyr gwleidyddol, tueddant i droi at eu harweinwyr crefyddol, tuedd a welai yn digwydd yn nwyrain a chanol Ewrop. Er bod difaterwch yn fwy o elyn nag erledigaeth i'r eglwysi yno bellach, eto byddai unrhyw wrthsafiad clir neu amddiffyniad o iawnderau dyn ar ran yr eglwysi, yn denu rhai o'r dosbarth canol yn ôl i'w plith. Amlinellodd gymaint o waith tawel oedd yn mynd ymlaen ymhlith arweinwyr crefydd o bob math – Pabyddol, Uniongred a Phrotestant. Ers hynny gwelsom drigolion cymysg eu hiaith a'u crefydd yn ninas Timisoara yn Romania yn codi i amddiffyn gweinidog Lutheraidd yno, a hynny'n datblygu'n chwyldro yn yr ardal honno, ac yn sbarduno'r chwyldro yn Bucharest a arweiniodd at ddiwedd teyrnasiad Ceausescu. Rwyf yn sôn felly am ddau rym deinamig – methiant economaidd a phwysau syniadau a theimladau – yn cydweithio. Tybed a welsoch chi ysgrif J.K. Galbraith yn yr *Observer* yn ddiweddar? Honnai ef heb flewyn ar ei dafod y cyrhaeddir pwynt arbennig yn hanes cyfalafiaeth a chomiwnyddiaeth fel ei gilydd, pan fo democratiaeth a'r hawl i siarad yn rhydd ac yn agored yn dod yn anghenrhaid cymdeithasol a gwleidyddol. Yn ei farn ef dyna a welodd Gorbachev – yr anochel. Mae hyn yn fy atgoffa o'ch cyfeiriad chi at 'y rhyfeddod' o weld yn y papur newydd 'lun ardderchog o'r Pab a Gorbachev yn siarad â'i gilydd', ac i bob golwg, gan fod y ddau yn medru Rwseg, yn deall ei gilydd yn iawn. Ie, tro ar fyd, yn wir!

Ni lwyddodd sosialwyr na chenedlaetholwyr i setlo'r cwerylon rhyngddynt ynglŷn â blaenoriaethau cenedl a dosbarth, hyd y gwelaf i. Mae cenhedloedd yn bodoli, y mae'r gwrthdaro rhyngddynt yn ymestyn mor bell yn ôl, yn aml, fel nad yw hi'n hawdd gwahaniaethu rhwng yr hyn sy'n fater o ddosbarth a'r hyn sy'n ymdeimlad cenedlaethol. Gwelwn hyn yn y teimlad gwrthymerodrol yn y gwledydd a ryddhawyd yn Affrica ac India yn ein dyddiau ni. Yn yr un modd, y mae'n wir am drigolion canoldir Ewrop fu'n rhan o fwy nag un ymerodraeth a thywysogaeth yn eu tro. Ond ymddengys na ddylid anwybyddu ymdeimlad cryf o gydberthyn i gymuned, yn enwedig mewn oes fel hon pan fo 'gwacter ystyr', 'alienation' a hyd yn oed 'boring', yn *clichés* ffasiynol.

Os derbyniwn fod yr ymdeimlad cenedlaethol yn rym anodd ei ddinistrio, ac yn rhy beryglus i'w anwybyddu, rhaid ar yr un pryd gydnabod y gall hefyd fod yn rym pur ddinistriol, yn dwyn o'i fewn gymaint o hen gwerylon y gorffennol. Gwelwn ef yn bygwth parhad yr Undeb Sofietaidd fel y gwnaeth eisoes i ymerodraethau gwledydd y Gorllewin, a chyn hynny i ymerodraethau Ottoman a Habsburg. Yng nghanoldir Ewrop, ychwanegwyd cwynion newydd yn sgil cytundebau heddwch 1919 at yr hen gwerylon fu rhyngddynt cyn ac yn ystod y cyfnod o fyw o dan yr ymerodraethau hyn. Gadawodd hyd yn oed egwyddor hunanddewis leiafrifoedd mawr a chwbl anghymodlon ar bob ochr i'r ffiniau newydd. Er enghraifft, cyn y Rhyfel Mawr rheolwyd Transylfania gan Hwngari, pan geisiwyd Magyareiddio'r tair miliwn o Romaniaid o fewn ei ffiniau; yn 1919 rhoddwyd Transylfania i Romania, a geisiodd yn ei thro droi'r ddwy filiwn o Hwngariaid yno yn Romaniaid, ac wrth gwrs cymhlethir yr ymrafael rhyngddynt gan achosion sy'n ymwneud â dosbarth a swyddi. Ar y funud y maent oll yn un yn y frwydr i sicrhau llwyddiant y chwyldro, ond mae problemau yn sicr o godi eu pen o dro i dro. Felly hefyd ym Macedonia, lle na pheidiodd y Bwlgariaid â gwrthwynebu'r ffaith i Iwgoslafia gael meddiant o dalaith a chymaint o Fwlgariaid yn byw ynddi; ac nid yn unig Bwlgariaid, ond Albaniaid hefyd. Ar ben hynny, mae Gwlad Groeg yn honni mai hi biau'r enw Macedonia beth bynnag! Dyma'r enw a roddodd air cyfleus i gogyddion a *restauranteurs*, sef 'Macedoine', am gymysgwch o wahanol lysiau wedi eu torri'n ddarnau bach lliwgar.

Byddai gofyn am weinyddiaeth o angylion i drin yn deg ofynion poblogaeth gymysg y bröydd hyn, ac nid yw'r Serbiaid, Bwlgariaid, Albaniaid a Groegwyr sy'n byw ynddynt yn ddim nes at fod yn angylion na'r Tyrciaid a'u rhagflaenodd, ac a adawodd lawer o'u disgynyddion hwythau ar ôl! Ac am Iwgoslafia ei hun, er yn dawel o dan awdurdod llym os carismatig Tito, wedi i angau symud ef o'r ffordd, nid oes cymaint o sicrwydd y deil y Serbiaid a'r Croatiaid i gytuno â'i gilydd yn hir, o gofio'r hen elyniaeth rhyngddynt a ailgyffrowyd yn ystod y rhyfel diwethaf.

Cymhlethir y problemau oesol hyn yng nghanoldir a dwyrain Ewrop gan eu bod bellach yn rhydd i ddilyn eu llwybrau eu hunain ar ôl bod yn rhan o gyfundrefn ganolog a reolai bob agwedd o'u bywyd. Maent wrthi'n ddyfal yn cael gwared â hynny a fedrant o'r gyfundrefn honno, ond nid oes ganddynt drefn arall i syrthio yn ôl arni; rhaid gwneud popeth yn newydd. Tsiecoslofacia gyda'i gorffennol gweriniaethol a ddaw allan ohoni orau, mae'n siŵr, a Hwngari wedyn, hwyrach, ond mae'n bur debyg y ceisia ac y llwydda rhai o'r hen swyddogion i ddal ati yn y gwledydd eraill – dan gochl diwygwyr, fwy na thebyg. Yn Romania ymddengys fod y fyddin eisoes yn cymryd meddiant; hwyrach na fyddai neb arall wedi medru trefnu dosbarthu bwyd a thanwydd ar unwaith. Wedi'r holl orfoledd, daw i'r cof y modd y dilynwyd llawenydd 1789 gan Deyrnasiad Braw, Napoleon, a rhyfeloedd. Yn 1848 hefyd dilynwyd 'Gwanwyn y Bobl' gan ailsefydlu absoliwtiaeth ym Mhrwsia ac Awstria, ac yn Ffrainc gan deyrnasiad Napoleon y Trydydd. Eto ymddengys bod ysbryd y bobl yn anorchfygol, ac y mae digon o ansicrwydd yn y sefyllfa bresennol i ni weddïo y bydd i'r holl wledydd, bach a mawr, arfer pwyll a doethineb.

Mae'n amlwg fod cyfnod rhannu Ewrop yn orllewin a dwyrain wedi diflannu bellach, a bod canoldir Ewrop yn uned ystyrlon eto, gyda Gwlad Pwyl, Tsiecoslofacia, Hwngari ac Awstria yn rhan amlwg ohoni. Ond y mae gan Romania, Bwlgaria ac Iwgoslafia hefyd, er yn gorwedd ychydig i'r dwyrain, gysylltiadau hanesyddol a thraddodiadol â'r canoldir. Fe'u cysylltir oll gan afon Donaw, un o brif draffyrdd cludo nwyddau drwy'r ardaloedd hyn. A yw hyn yn cynnig y posibilrwydd o allu creu undod ehangach rhyngddynt? 'Ffederasiwn Donaw', efallai? Dyna a gredai'r Pwyliad gwlatgar, Czartoryski, a Kossuth yr Hwngariad tanllyd, yn ogystal â'r Ymerawdwr Franz Joseph yn y ganrif ddiwethaf.

Y mae'r Donaw yn tarddu yn y Fforest Ddu yn yr Almaen, ac o bwys i'w thrafnidiaeth hithau ymhell cyn iddi gyrraedd y ffin ag Awstria, ond o bwys hefyd am iddi gludo diwylliant yr Almaen ar ei hyd. Oherwydd hyn y mae gan yr enw 'Mitteleuropa' arwyddocâd arbennig i Almaenwyr, ond hefyd i genhedloedd eraill.

Gobeithiodd Ymerodraeth Awstria unwaith ddatblygu cyfundrefn dollau ar y cyd â'r gwledydd Almaenig, er mwyn cario'u nwyddau i farchnadoedd y Balcanau, ond ddaeth dim byd ohono oherwydd bod yr Almaen unedig, ymerodrol, yn credu y gallai wneud hynny ar ei phen ei hun yn sgil ei goruchafiaeth mewn diwydiant a busnes. Datblygodd felly yn rhan o freuddwyd y Kaiser am reilffordd o Berlin i Baghdad. Llwyddodd Hitler i sicrhau marchnadoedd i'r Almaen yn nwyrain Ewrop gan obeithio datblygu cyswllt agosach fyth rhyngddynt. O gofio hyn, beth fydd ymateb Pwyliaid, Tsieciaid ac Awstriaid i'r syniad o Almaen fawr unedig yn weithgar unwaith eto yn eu bröydd hwy?

O gydnabod pwysigrwydd grym pob ymdeimlad cenedlaethol, ni ellir gwarafun aduniad y ddwy Almaen, os mai dyna eu dewis. Ond prin y bydd yn fater i'r ddwy wlad honno yn unig. Go debyg na fydd Rwsia mewn sefyllfa i wrthwynebu'n hir, ac mae'n bosibl y bydd hynny, ynghyd â'r gri yn America am weld 'y bechgyn yn dod adref', yn symud y rhwystrau mwyaf. Eto i gyd, bydd rhaid trafod o'r newydd y ffiniau y cytunwyd arnynt yn Teheran, Yalta a Potsdam. Bu galw eisoes am gytundeb ar ffiniau'r Almaen a Gwlad Pwyl; collodd Pwyl dir i Rwsia hefyd drwy gytundeb Molotov a Ribbentrop yn 1939, ac yn 1945 dywedodd Stalin wrthi am wneud i fyny'r golled ar draul yr Almaen. Gwnaeth hynny, a dylifodd Almaenwyr o'r ardaloedd hynny i'r Gorllewin. A fydd yr Almaen yn fodlon gadael Breslau yn nwylo'r

Pwyliaid? Ac a fydd y Pwyliaid yn fodlon gadael Lvov yn nwylo Rwsia, neu yn hytrach, ac ystyried y modd y gallai'r sefyllfa ddatblygu yno, yn nwylo'r Wcráin? Bydd yn rhaid wynebu'n fuan lawer o fanion diplomyddol eraill, megis statws gwledydd y Baltig. Nid oedd yr Unol Daleithiau, yn wahanol i Brydain, erioed wedi cydnabod eu diflaniad i grombil Rwsia. A beth am yr holl Rwsiaid a aeth yno i fyw yn y cyfamser? A ydynt i gael eu taflu allan, fel y gwnaeth y Tsieciaid i'r Almaenwyr yn 1945? Ond pwysicach fyth, os, neu pan, ddatodir Cytundeb Warsaw, a gedwir NATO? Y mae Gorllewin yr Almaen yn aelod brwd ohoni, a'r *satellites* bach, mae'n siŵr, oll yn ysu i gael ymuno â hi er mwyn sicrhau eu diogelwch.

A beth am y Gymuned Ewropeaidd y disgwyliwn ddod yn rhan ohoni yn 1992? Hwyrach y daw i haeddu'r disgrifiad 'Ewropeaidd' ar ôl iddi dderbyn i'w phlith rai o'r gwledydd a ryddhawyd. Mae'n siŵr i'r 'Farchnad Gyffredin' ddenu'r gwledydd hyn i gyfeiriad y Gorllewin tra oeddynt hwy, o dan gyfundrefn Comecon, yn dioddef am eu bod oll yn cynhyrchu'r un nwyddau – moch, grawnwin, lledr, india-corn – ac eithrio Romania, sy'n meddu ar olew, ond sy'n anfodlon i'w werthu am ddim heblaw arian 'caled' y Gorllewin. Prif fantais y Gymuned Ewropeaidd i'm golwg i yw y gall roi cyfle i'r Almaen chwarae ei rhan heb gyffroi ofnau'r gwledydd a gofia *Mitteleuropa* gyda drwgdybiaeth, os bydd hi'n atebol i Strasbourg a Brwsel. Ond ar hyn o bryd, prif angen y gwledydd yn y rhan hon o'r cyfandir yw cymorth economaidd ac ariannol, ac fe all trefnu hyn fod yn gyfle ardderchog i'r Gymuned Ewropeaidd brofi ei gwerth.

Ni chredaf y gellir cyfyngu'r maes hwn i Ewrop, wrth gwrs. Yn ogystal â'r Americanwyr, y mae gwledydd y Dwyrain Pell yn sicr o gael eu pig i mewn hefyd. Roedd y siocled hwnnw yn Hwngari yn brawf nad i Moscow yn unig y troai'r Comiwnyddion, a hwyrach y byddant yn barod bellach i dderbyn pa beth bynnag a gynigir gan Taiwan, Korea a Siapan. Fe gofiwch fel y rhyfeddem at y llu o bobl o dde-ddwyrain Asia oedd yn Fienna, yn llawn diddordeb ac egni; nid yn unig yn yr amgueddfeydd, yr orielau celf, y plasau a'r cestyll, ond hefyd ar bob trên a bad y buom arnynt, ac ymhob banc lle buom yn newid arian, ac ymhob siop lle y chwiliem am anrhegion. Mae'n siŵr eu bod eisoes yn brysur iawn yn cyflwyno'u setiau radio, teledu, Walkman, cyfrifiad-uron, ac ati, yn yr ardaloedd 'newydd' hyn. Yr ydym yn wir yn byw mewn dimensiwn byd-eang bellach, ac er i Kant ddweud mai'r 'unig beth digyfnewid mewn hanes yw daearyddiaeth', rhaid i ni gofio nad yr un mesur sydd i bellter yn y gwledydd hyn ag oedd ddeugain mlynedd yn ôl, pan oedd yn rhaid teithio ar drên neu mewn llong i'w cyrraedd. Mae gan y gwledydd hyn oll eu cwmnïau awyr cenedlaethol, a ninnau oll o fewn cyrraedd i'n gilydd bellach drwy radio a theledu. Ni fedrwn aros yn ddi-hid o dynged y bobl hyn, a dylem wybod rhywbeth am eu hanes.

Ac yma y gorffennaf fy mhregeth, gan obeithio na fu'n rhy faith, ac na fydd rhyw gynyrfiadau newydd wedi ei gwneud hi'n ddiwerth eisoes.

Hwyl a bendith
fel arfer,
Marian

GAIR AM Y CEFNDIR

Sonnir dipyn gennym am deulu Habsburg. Rheolwyd
Awstria gan y teulu hwn er 1282, a buont hefyd yn
ymerawdwyr Bwrgwndi, gan reoli rhan helaeth o
ogledd Ffrainc, a'r Iseldiroedd. Etifeddodd y teulu
hefyd goron Sbaen, gyda rheolaeth dros Lombardi a
de'r Eidal, a hwy hefyd a wisgodd goron yr
Ymerodraeth Sanctaidd Rufeinig, gan gynnwys yr
Almaen i gyd, am ganrifoedd. Er i'r ffiniau hyn newid
gyda threigl y blynyddoedd, parhaodd y teulu yn
bwerus yn Ewrop, ac wedi llwyddo i droi byddinoedd
Twrci yn ôl o furiau Fienna yn 1683, a'u gwthio'u ôl
yn raddol i'r Balcanau, ymledodd grym yr
Habsburgiaid gan adael stamp eu diwylliant dros yr
holl ardaloedd hyn. Ond methasant ddatrys y broblem
a'u hwynebai yn y ganrif ddiwethaf, yn nydd twf yr
ymdeimlad cenedlaethol, sef sut i uno'n effeithiol a
boddhaol o fewn eu hymerodraeth ryw ddwsin o
genhedloedd gwahanol. Nid oedd grym na dylanwad y
teulu yn ddigon i'w diogelu bellach.

Eto, er ei gwanhau gan frwydrau a thensiynau
mewnol, colli'r dydd yn y Rhyfel Byd Cyntaf oedd yn
gyfrifol am gwymp Ymerodraeth Awstria-Hwngari (yr
enw swyddogol ar yr Ymerodraeth Habsburg er 1867)
– ynghyd ag ymerodraethau Twrci, Rwsia, a'r Almaen.
Brwydrodd byddin yr Ymerodraeth Habsburg yn
ddygn ac effeithiol (er na chlywn ni gymaint am y

meysydd caled a gwaedlyd hyn ag am ffrynt y Gorllewin) gan ddal yn deyrngar i'r ymerawdwr hyd y diwedd. Hysbysodd llywodraeth olaf Awstria-Hwngari yr Arlywydd Woodrow Wilson eu bod yn derbyn ei amodau heddwch, ac arwyddwyd cadoediad ar 3 Tachwedd 1918. Ffurfiodd aelodau Almaenig y Senedd eu hunain yn bwyllgor gweithredol dros dro, ac ymhen rhai dyddiau dewisodd y Tsieciaid, Hwngariaid, Pwyliaid a Slafoniaid y De yr un llwybr. Ar 11 Tachwedd hysbysodd y Cyngor Llywodraethol yr Ymerawdwr Karl, a ddaethai i'w etifeddiaeth ddwy flynedd ynghynt ar farwolaeth ei hen ewythr, Franz Joseph, fod Awstria bellach yn werinlywodraeth, a fyddai'n ymuno â'r Almaen weriniaethol newydd. Nid oedd gan Karl ddewis ond arwyddo ei fod yn ildio pob rhan yn y llywodraeth. Gwrthododd, serch gorfod dewis alltudiaeth, i'w ddiorseddu ei hun. Gwnaeth gais aflwyddiannus i ailfeddiannu coron Hwngari yn 1921. Bu farw ym Madeira y flwyddyn ddilynol, gan adael yn aer ei fab Otto, nad oedd ond deng mlwydd oed.

Amgylchynwyd y weriniaeth newydd gan elynion o'r tu allan yn ogystal â phroblemau economaidd difrifol o'i mewn. Er i'r Cynghreiriaid buddugol gydnabod yr egwyddor o hawl pob cenedl i benderfynu ei thynged ei hun, ni wireddwyd hynny yn achos Awstria pan ddymunai hi ymuno – ynghyd â'r rhannau Almaenig o Fohemia, Morafia a Silesia – â'r Almaen newydd. Nid oedd cenhedloedd yr hen ymerodraeth wedi byw gyda'i gilydd mewn unedau twt gyda ffiniau clir rhyngddynt, felly roedd creu lleiafrifoedd yn anochel o dan y drefn newydd. Yr oedd y gwledydd newydd annibynnol, Pwyl,

Tsiecoslofacia ac Iwgoslafia, yn ogystal â Hwngari a Romania, yn drwgdybio y byddai Awstria yn y man yn coleddu dyheadau Habsburgaidd eto, tra teimlai Awstria iddynt hwythau fod yn ddialgar o chwyrn wrth godi tollau yn ei herbyn mewn ardal fu gynt yn farchnad rydd. Wynebwyd y weriniaeth newydd gan anhrefn dyrys drannoeth y drin, gyda newyn yn y taleithiau gwledig yn ogystal â'r brifddinas. Ond er gwaethaf ofnau gwledydd y Gorllewin, ni fu perygl chwyldro Sofietaidd yn Awstria, fel y bu am gyfnod byr yn Hwngari ac ym Munich. Nid yn unig y parhaodd heddlu a gweision sifil yr hen oruchwyliaeth i sicrhau rhywfaint o drefn, ond arweiniwyd y blaid Weriniaethol-Sosialaidd, a oedd yn y mwyafrif tan 1920, gan wŷr cymedrol, megis Karl Renner, y canghellor cyntaf, a Karl Seitz, maer Fienna.

Pan wynebwyd Awstria gan delerau heddwch yn St. Germain yn haf 1919, gwelodd i'w chais am *Anschluss*, sef ymuno â'r Almaen, gael ei wrthod oherwydd ofn Ffrainc y byddai hynny'n atgyfnerthu'r Almaen, a rhoddodd hi ei chefnogaeth i'r Gwledydd Olynol gan ymuno â hwy yn yr Entente Bychan. Dilewyd yr ansoddair 'Almaenig' o deitl Awstria, ynghyd â phob hawl dros Almaenwyr Bohemia, Morafia a Silesia, a rhoddwyd De'r Tirol i'r Eidal. Rhoddwyd iddi ran o dalaith Burgenland, ar y ffin â Hwngari. Felly fe'i cyfyngwyd i boblogaeth o chwe miliwn a hanner, gyda dwy filiwn a hanner ohonynt yn byw yn Fienna. Difodwyd pob grym milwrol, a phennwyd costau a chosbau ariannol, ond yr oedd ei bodolaeth i'w warantu gan Gynghrair y Cenhedloedd. Derbyniwyd y telerau hyn ganddi ym Medi 1919.

Nid oedd optimistiaeth y Cynghreiriaid yn nyfodol Awstria fel gwlad annibynnol i'w theimlo yn y wlad ei hun. Yr oedd yno elyniaeth rhwng y taleithiau gwledig, ceidwadol, cryf eu hymlyniad wrth yr Eglwys Babyddol, a'r brifddinas gyda'i dosbarth gweithiol sosialaidd, a'r nifer uchel o Iddewon a gynyddwyd yn fawr gan ddylifiad o ardaloedd fu gynt yn rhan o'r hen ymerodraeth, yn ogystal ag o Rwsia. Bu gwrth-Semitiaeth yn rhan o wleidyddiaeth y Pan-Almaenwyr cyn y rhyfel, a chan fod amryw o arweinwyr y Sosialwyr Gweriniaethol yn Iddewon, daeth gwrth-Semitiaeth yn gri boblogaidd yn y taleithiau gwledig ymhlith pobl nad oedd llawer ohonynt wedi gweld yr un Iddew erioed. Collodd y Sosialwyr Gweriniaethol eu mwyafrif yn y Senedd yn 1920, er eu bod yn dal i reoli Fienna, a dilynent bolisi blaengar yno er budd y gweithwyr, yn arbennig drwy godi yn y maestrefi nifer o flociau o fflatiau helaeth gyda chyfleusterau modern, a'u rhenti'n cael eu cadw'n rhesymol drwy gymorth trethu adeiladau preifat. Enynnodd y sefyllfa hon dipyn o ddrwgdeimlad ac amheuaeth ymhlith y dosbarth-iadau eraill, a oedd hefyd yn dioddef gan y wasgfa ariannol.

Cydnabu'r Cynghreiriaid eu cyfrifoldeb tuag at Awstria trwy ei derbyn yn aelod o Gynghrair y Cenhedloedd yn 1920, a rhag i'w heconomi suddo'n llwyr dan bwysau chwyddiant, rhoddwyd cymorth ariannol iddi. Yn 1922 sefydlwyd comisiwn i drefnu cynllun o fenthyciadau tramor iddi, gyda changhellor Awstria, y clerigwr Ignaz Seipel, ar y pwyllgor. Erbyn hynny ei blaid ef, y Sosialwyr Cristnogol, oedd yn y mwyafrif, gyda chymorth pleidiau llai, ac er anffawd fawr i'w gwlad, profodd y ddrwgdybiaeth rhwng y ddwy blaid fawr, oedd bron yn gyfartal mewn rhif, mor gryf nes i'r Sosialwyr Gweriniaethol wrthod unrhyw gydweithio pellach. Yr oedd yr arweinwyr, Otto Bauer a Deutsch, er nad yn Gomiwnyddion, yn dipyn mwy eithafol na'u rhagflaenwyr, a chodasant o blith eu haelodau gorff lled-filwrol i gadw trefn, y Schutzbund, gan beri i'r blaid arall godi corff tebyg, sefyllfa a arweiniodd yn y man at wrthdaro a'r terfysg a barodd losgi adeilad y prif lysoedd barn yn Fienna gyda chryn golli bywyd yng Ngorffennaf 1927. Unwyd catrodau'r Dde o dan faner yr Heimwehr, a pharatodd y ddau lu i wynebu ei gilydd.

Effeithiodd cwymp Wall Street yn 1929 ar Awstria a'r Almaen ar unwaith, a cheisiodd y ddwy wlad wella'u hamgylchiadau trwy arwyddo Cytundeb Tollau yn 1931, ond dygodd Ffrainc y mater o flaen Llys yr Haag, lle y'i collfarnwyd a'i ddileu. Ychydig wythnosau wedyn methodd banc y Creditanstalt yn Fienna, canolfan ariannol canoldir Ewrop er 1856, ac a gadwodd ei fri ymhlith gwledydd Donaw ar ôl cwymp yr ymerodraeth, felly effeithiodd ei fethiant ar ardal helaeth. Yn yr awyrgylch hwn y cafodd Hitler ei gyfle i ddod i rym ar ddechrau 1933, ar ôl methu ynghynt ym Munich yn 1923.

Teimlwyd yr effaith yn Awstria ar unwaith, gan i Hitler ddechrau gweithio ar y blaid Natsïaidd fechan ddibwys yno yn ddi-oed, gan ddefnyddio holl rym ei bropaganda i argyhoeddi'r Awstriaid a'r byd mor amhosibl oedd cynnal gwladwriaeth annibynnol yn Awstria. Enillodd ymlyniad y myfyrwyr ar unwaith, ond bu'n ddigon i beri i'r gweithwyr a'r Sosialwyr

Gweriniaethol droi eu cefn ar eu hen bolisi o alw am *Anschluss*. Bellach magodd y gair hwnnw ystyr a lliw gwahanol. Yr oedd y dyrnaid teyrngar i Otto von Habsburg (bellach yn un ar hugain oed) yn gwrth-wynebu'r Natsïaid, fel wrth gwrs y gwnâi'r Iddewon. Amheus iawn oedd y Sosialwyr Cristnogol hefyd, gan bwyso yn hytrach ar yr Eidal Ffasgaidd. Rhoddai Mussolini arfau i'r Heimwehr, ar gais y Tywysog Starhemberg, gŵr anwastad iawn ei farn ond â'r ddawn i ddylanwadu ar y dorf. Dyrchafwyd Engelbert Dollfuss i swydd canghellor pan nad oedd gan y blaid Sosialaidd Gristnogol ddim ond mwyafrif o un, ac ni fu'n hir cyn iddo ddiddymu'r Senedd, a rheoli fel unben.

Daeth awr y frwydr hirddisgwyliedig rhwng y Schutzbund a'r Heimwehr (bellach o dan arwein-yddiaeth yr Is-ganghellor Fey) yn Chwefror 1934. Yn ardaloedd gweithfaol Fienna bu'r ymladd gwaethaf, a fflatiau newydd y gweithwyr yn brif darged. Diswyddwyd Cyngor Dinas Fienna, a'i maer, gan benodi swyddogion gwrth-Sosialaidd i weithredu yn eu lle. Roedd y rhai a laddwyd, a'r clwyfedigion, i'w cyfrif wrth y cannoedd. Erys y cof am Chwefror 1934 yn rhybudd, effeithiol hyd yn hyn, i'r ddwy blaid sy'n dal i lywodraethu Awstria wedi'r Ail Ryfel Byd.

Ni fu gan yr Awstriaid erioed fawr o feddwl o Eidalwyr, a phan lansiodd Dollfuss ei Wladwriaeth Gorfforiaethol ar batrwm un Mussolini, ni theimlwyd fawr ddim brwdfrydedd drosti. Ac yr oedd Hitler yn ei gwylio, a chynlluniodd i'w ddirprwyon yn y blaid Natsïaidd yn Awstria ladd holl aelodau llywodraeth Awstria pan gyfarfyddent ar 25 Gorffennaf 1934. Ond gohiriwyd amser y cyfarfod hwnnw, a Dollfuss yn unig a gollodd ei fywyd gan ei fod yn yr ystafell. Cyn i neb arall gael amser i gymryd drosodd y llywodraeth, penododd yr Arlywydd Miklas Kurt von Schuschnigg yn ganghellor a Starhemberg yn is-ganghellor. Wrth gwrs, gwadodd Hitler fod ganddo ef unrhyw ran yn y weithred, a danfonodd y cyfrwys von Papen yn llysgennad i Fienna. Yr oedd Mussolini wedi danfon ei filwyr i'r Brenner, gan sicrhau Schuschnigg y byddai marchnadoedd yr Eidal yn dal ar agor i gynnyrch Awstria fel cynt, ynghyd â chynnydd mewn twristiaeth a chyfnewid artistiaid rhwng y tai opera. Ac yn wir yr oedd economi Awstria bellach ar i fyny, er bod propaganda Hitler yn mynnu i'r gwrthwyneb. Yn anffodus, ni wnaeth Schuschnigg ddim i adfer llywodraeth gyfansoddiadol, a thueddai'r ifanc i droi naill at y Comiwnyddion neu at y Natsïaid, gan nad oedd gan y Sosialwyr Gweriniaethol arweinwyr effeithiol bellach.

Newidiodd y sefyllfa ryngwladol pan ymosododd yr Eidal ar Abyssinia a chwrdd â gwrthwynebiad Cynghrair y Cenhedloedd, yn arbennig Prydain. Daeth yr Eidal i ddibynnu ar yr Almaen am lo. Pan ddanfonodd yr Almaen ei milwyr i feddiannu'r Rheinland yn groes i Gytundeb Versailles, ni weith-redodd Cynghrair y Cenhedloedd, dim ond protestio, a dechreuodd y gwledydd bychain golli eu ffydd yn y sefydliad hwnnw a gyflawnodd gymaint yn ei degawd cyntaf. Ym Mai 1936 dywedodd Mussolini wrth Schuschnigg i ddiswyddo Starhemberg, a oedd erbyn hynny yn wrth-Natsïaidd iawn. Gwnaed hynny, a gwasgarwyd yr Heimwehr. Ymhen ychydig wythnosau, arwyddwyd cytundeb rhwng yr Almaen ac Awstria, gan lacio rhai o'r anfanteision a wthiwyd ar dwristiaeth Awstria, ond er addo parchu ei hannibyniaeth, mewn gwirionedd gwnaeth hyn hi'n fwy agored i'w meddiannu. Roedd yr Echel Rhufain-Berlin yn ffaith bellach, a'i dylanwad i'w gweld yn Sbaen. Yr oedd llygaid Hitler ar Tsiecoslofacia eisoes, a gobeithiai ei meddiannu hi ac Awstria mewn un ymgyrch cyn 1 Hydref 1938. Ar 12 Chwefror 1938 galwyd Schuschnigg i Berchtesgaden, a chafodd ei drin mor arw nes iddo orfod cydsynio yno i benodi'r Natsi Seyss-Inquart yn weinidog cartref. Ond ar ôl mynd adref penderfynodd Schuschnigg gynnal refferendwm drwy Awstria gyfan ar 13 Mawrth i ofyn i bawb dros bedair ar hugain oed a oeddent yn cefnogi parhad Awstria rydd, Gristnogol ac annibynnol. Ar 10 Mawrth, ar ôl gwrthod cydweithio â'r llywodraeth ers pedair blynedd, cyhoeddodd Sosialwyr Fienna eu cefnogaeth i Schuschnigg. Ond yr oedd yn rhy ddiweddar. Ar ôl cytundeb Gorffennaf 1936 llwyddodd y Natsïaid i dreiddio i mewn i'r heddlu, y gwasanaeth sifil, y fyddin a'r llywodraeth ei hun. Ar y pryd yr oedd Anthony Eden newydd gael ei ddiswyddo gan Neville Chamberlain; roedd Blum yn methu ffurfio llywodraeth newydd wedi ymddiswyddiad Chautemps; yr oedd Mussolini wedi datgan ei anghymeradwyaeth o'r *plebiscite* arfaethedig, ac yr oedd Seyss-Inquart yn cario negeseuon bygythiol oddi wrth Hitler. Rhoddodd Schuschnigg heibio ei refferendwm ac ymddiswyddo.

Yr oedd byddin yr Almaen eisoes wedi cynllunio croesi'r ffin ar doriad gwawr ar 12 Mawrth. Gofalwyd bod Hitler yn cael derbyniad brwd yn Fienna a gwnaeth yntau'n fawr o'i gyfle i fwrw'i ddial ar y ddinas a wrthododd le iddo yn ei choleg celf bron deng mlynedd ar hugain ynghynt. Yr Iddewon a ddioddefodd fwyaf cyn cael eu difodi, ond erlidiwyd Sosialwyr o bob lliw, ynghyd ag unrhyw un a fentrai godi llais yn erbyn y drefn newydd. Cynhaliwyd refferendwm yn Awstria ar 10 Ebrill, cyn i'r Awstriaid gael cyfle i sylweddoli y darostyngid hwy i fod yn ddim mwy na darn o'r Almaen Hitleraidd, heb unrhyw gydnabyddiaeth o'u hunaniaeth arbennig. Yr oedd llygaid Hitler yn dal ar feddiannu Tsiecoslofacia. Er gwaethaf teithiau Chamberlain, ac wedi i Ffrainc fradychu ei hymrwymiad i amddiffyn Tsiecoslofacia, cyrhaeddodd Hitler fesur helaeth o'i nod erbyn 30 Medi pan arwyddwyd Cytundeb Munich. Ymhen chwe mis meddiannodd Prâg o'r diwedd, a theimlo fod canol a dwyrain Ewrop wrth ei draed. Gan ddilyn ei batrwm arferol, a defnyddio Danzig yn esgus, pigodd gweryl â Gwlad Pwyl, ond cafodd dderbyniad gwahanol iawn y tro hwnnw.

★   ★   ★

Bellach gwelsom Ail Weriniaeth Awstria wedi ei sefydlu'n gadarn ers dros hanner can mlynedd. Naturiol yw holi pam yr ymwybyddiaeth gref o'i chenedligrwydd y tro hwn, a'r sicrwydd y gall hi yn awr gynnal ei hannibyniaeth? Rhoddwn y clod i Adolf Hitler! Ef a greodd ymhlith y bobl yr hanai ohonynt, ymwybyddiaeth genedlaethol lle nad oedd ganddynt yn nydd y weriniaeth gyntaf ond ymlyniad i ranbarth − y Tirol, neu Steiermark, neu Fienna − ac ychydig o deimladrwydd hiraethus nawr ac yn y man am ddyddiau'r 'Alte Herr', Franz Joseph.

Croesawodd y mwyafrif yr *Anschluss* yn 1938 am iddynt ddyheu amdano am ugain mlynedd, ond sylweddolwyd cyn hir nad oedd iddynt unrhyw reolaeth dros eu materion arbennig fel Awstriaid. Credasant hefyd, fel llawer yn y Gorllewin, y ceid heddwch o dan Hitler wedi iddo unioni diffygion Cytundeb Versailles, ond eu harwain i ryfel a wnaeth. Ac er i lawer o'r Awstriaid fod yn wrth-glerigol, yn eu ffordd yr oeddent yn parchu'r ffydd Gatholig, a gwrthwynebent yr erledigaeth o'r Eglwys Babyddol. Cynhyrfwyd hyd yn oed rai a goleddodd deimladau gwrth-Semitaidd wrth weld y driniaeth gïaidd a dderbyniodd yr Iddewon cyn cael eu symud o'r golwg. Felly dechreuodd yr hen arweinwyr Sosialaidd, rhai Clerigwyr, a hefyd rhai o'r Landbund, plaid y werin wledig, baratoi i weithredu gyda'i gilydd i adfer annibyniaeth Awstria, ac yn y dirgel yr oedd gwrthsafwyr yn difrodi offer ac yn drysu cynlluniau. Yn 1943 cyhoeddodd y Cynghreiriaid eu bod yn gytûn ynglŷn ag adfer annibyniaeth Awstria.

Pan goncwerwyd Fienna gan y Rwsiaid yn 1945 cytunasant i sefydlu llywodraeth Awstriaidd o dan yr hen Weriniaethwr Sosialaidd, cymedrol ei farn, Karl Renner. Pan gynhaliwyd etholiad yn Nhachwedd y flwyddyn honno, yr oedd ei blaid ef a Phlaid y Bobol, yr Österreichische Volkspartei, sef y cyn-Sosialwyr Cristnogol, ymhell ar y blaen i'r Comiwnyddion, yn dystiolaeth o'u gwrthwynebiad i'r profiad enbyd o gael milwyr Rwsia yn eu plith fel goresgynwyr. Dal yn bur gyfartal oedd y ddwy blaid fawr, gydag ychydig o fwyafrif gan yr O.V.P dros y Sosialwyr, felly Figl oedd y canghellor newydd a Schärf (Sosialydd) yn is-ganghellor. Codwyd Renner i fod yn arlywydd cyntaf yr ail weriniaeth. Clymblaid fu'r drefn byth wedyn.

Ond yr oedd Awstria yn dal ym meddiant y pedair gwlad a'i rhyddhaodd, a'u milwyr yn aros yn yr ardaloedd a feddiannwyd ganddynt gyntaf. Yr oedd yn rhaid i lywodraeth Awstria ennill cytundeb Comisiwn y Cynghreiriaid i'w penderfyniadau, a dioddef yr anhwylustod a ddilynai o'r rhaniadau daearyddol a chyfundrefnol. Yr oedd Fienna ei hun yn y sector Rwsiaidd, ond bod y 'ddinas fewnol' yn cael ei rheoli gan y pedwar Cynghrair gyda'i gilydd – fel y dywedodd Renner, 'pedwar eliffant mewn un cwch rhwyfo'! Ond yn raddol llaciodd y Pwerau eu gafael, a'r Rwsiaid yn unig a brofai'n wrthnysig ar adegau, wedi eu siomi nad oedd mwy o Gomiwnyddion yn yr Awstria newydd. Yr oedd costau'r byddinoedd hyn yn syrthio ar Awstria, ac er i'r tri chynghrair gorllewinol gwtogi nifer eu milwyr yno, ac felly ar y costau, ni fynnai Rwsia ddilyn eu hesiampl. Yn 1947 dileodd yr Americanwyr eu costau, a thalu'r Awstriaid am eu cadw, ond ni fedrai Ffrainc na Phrydain fforddio hynny tan 1954.

Prif broblem Awstria wedi'r rhyfel oedd prinder bwyd a thanwydd, a barhaodd er gwaethaf cymorth UNRRA, America a Phrydain, y Swistir a Sgandinafia, tan 1948, pan ddaeth cymorth Marshall i'r adwy, er gwaethaf gwrthwynebiad Rwsia.

Yr oedd y Cyfeddiant i barhau nes i gytundeb heddwch gael ei arwyddo ag Awstria. Rwsia oedd y rhwystr eto, a Molotov am ei ohirio nes cael cytundeb

168

â'r Almaen hefyd, safbwynt a wrthodwyd gan Awstria a'r Cynghreiriaid eraill. Cyhoeddodd Figl, gweinidog tramor Awstria bellach, ddatganiad o niwtraliaeth y wlad yn 1947, gan sicrhau na chaniateid lle o fewn ei thir i'r un ganolfan filwrol; ond ni thyciodd hynny ddim gyda Rwsia nes i Khrushchev ddod i rym, gan ei ddat-gysylltu ei hun o safiad Stalin, ac yn y cyswllt hwn, Molotov. Gwahoddwyd dirprwyaeth Awstriaidd i Moscow i drafodaethau yn Ebrill 1955, ac ar 15 Mai arwyddwyd cytundeb ym mhalas Belvedere yn Fienna gan Molotov, Macmillan, Dulles, Pinay a Figl, a'r telerau yn llawer mwy ffafriol i Awstria na'r hyn y ceisiwyd yn ofer amdano ers blynyddoedd rhwng y Cynghreiriaid eraill a Rwsia. Brysiodd Arlywydd Awstria, Julius Raab, ddatgan yn y Senedd yr hyn a olygai'r 'niwtraliaeth' y credai bod 90% o Awstriaid o'i blaid. Yr oedd dwy wlad 'niwtral' ymhlith ei chymdogion yn Ewrop yn nydd y Rhyfel Oer, y Swistir ac Iwgoslafia. Yn wahanol i'r Swistir, yr oedd Awstria yn aelod o'r Cenhedloedd Unedig, ac yn wahanol i Iwgoslafia, glynai Awstria wrth egwyddorion sylfaenol democratiaeth, yn wleidyddol ac yn gymdeithasol. Eglurodd Figl a Bruno Kreisky, gweinidog tramor Gwerin-Sosialaidd, yn y wasg gartref a thramor, nad oedd hyn yn ddim byd newydd, yn egwyddor a gyhoeddwyd eisoes yn 1947, a ddaeth yn hanfodol yn anterth y Rhyfel Oer. Ond byddai Awstria yn barod i aberthu dros ryddid a democratiaeth bob amser. Nid codi pont rhwng gorllewin a dwyrain yw nod Awstria, meddai Kreisky, ond creu 'canol dawel' i Ewrop. Y mae'n bosibl iawn mai dyma a apeliai at Krushchev, sef ymestyn y rhandir anymochrol, amhleidiol yng nghanol Ewrop, rhwng y ddwy garfan o Bwerau mawr, gwledydd NATO a thiroedd Cytundeb Warsaw. Ymhen blwyddyn wedi arwyddo'r cytundeb, cafodd Awstria gyfle i ddangos am y tro cyntaf ystyr ei niwtraliaeth, pan ddarostyngwyd Hwngari gan luoedd Rwsia. Ar anogaeth yr Arlywydd Raab, rhoddwyd cymorth i filoedd o ffoaduriaid ar hyd y ffin gan dimau o wirfoddolwyr Awstriaidd. Ac nid oedd hon ond yr esiampl gyntaf o'r cymorth a estynnwyd gan Awstria i ffoaduriaid o bob lliw yn ystod y blynyddoedd dilynol o dan arweiniad Kreisky, a oedd yn ganghellor erbyn hynny.

A'r dyfodol? Rhyfeddodd rhai sylwebyddion na fanteisiodd Awstria ar y cyfle i wahodd Otto von Habsburg i'w harwain – onid fel brenin cyfansoddiadol, yna fel arlywydd. Byddai hynny, fe ddadleuir, yn gwanhau apêl yr Almaen i rai Awstriaid oedd â thueddiadau *grossdeutsch* o hyd, megis y Freiheitliche Partei. Bellach y mae Otto dros ei bedwar ugain oed, a bellach, hefyd, y mae'r Almaen yn unedig. Lle mae hyn yn gadael Awstria? Ei hymateb mor belled yw pleidleisio â mwyafrif mawr dros ymuno â'r Undeb Ewropeaidd. Y mae ganddi bellach draddodiad a gorchestion dros hanner canrif o fodolaeth annibynnol a llwyddiannus.